W0196078

DON BOSCO
VERLAG

Benedikta Hintersberger
Stefanie Spendel (Hrsg.)

REISS MICH
IN DEINE ZUKUNFT

Mit Frauen
der Bibel beten

Don Bosco

Die Deutsche Bibliothek – CIP-Einheitsaufnahme

Reiß mich in deine Zukunft : mit Frauen
der Bibel beten / Benedikta Hintersberger ;
Stefanie Spendel (Hrsg.). –
1. Aufl. – München : Don Bosco, 1998
ISBN 3-7698-1120-8

1. Auflage 1998 / ISBN 3-7698-1120-8
© 1998 Don Bosco Verlag, München
Umschlag: Margret Russer
Umschlagmotiv und Illustrationen:
Irmgard Kampmann
Gesamtherstellung:
Don Bosco Grafischer Betrieb, Ensdorf

INHALT

VORWORT

Während der Arbeit an unserem Buch »Stark bin ich und voller Leben«[1] stellten sich ein unerwartetes Interesse und eine wachsende Aufmerksamkeit ein für das Phänomen des Gebetes bei biblischen Frauen. Wir waren einerseits überrascht, viele unbekannte Gebete von Frauen in den biblischen Büchern zu finden, andererseits aber auch irritiert dadurch, daß sowohl die Anzahl als auch der Umfang von Frauengebeten in der Bibel kontinuierlich vom ersten bis zum letzten Buch abnehmen.

Frauengebete in der Bibel
So sind im Ersten Testament Ester und Judit, Mirjam und Hanna neben einigen anderen Frauen als Betende vorgestellt, im Zweiten Testament findet sich Maria mit ihrem Magnificat, und danach schweigen die biblischen Bücher zu Frauengebeten.

Diese Entdeckung machte uns stutzig und nachdenklich. Könnte es sein, daß die Gebetstraditionen von Frauen in der Bibel zunehmend verschüttet worden sind? Und wenn ja, warum? Wer – einzelne oder Gruppen – hatte daran ein Interesse? Warum war es nicht lohnend, Frauengebete zu sammeln, ein »Frauengebetbuch« – einer Frau zugeschrieben wie der Psalter einem Mann – zusammenzustellen, wo doch die Nachfolgegemeinschaft des Jesus von Nazaret seinem Beispiel entsprechend einen vorsichtigen Versuch des Aufbruchs im Geschlechterverhältnis wagte? Reichte die Kraft nicht oder der Wille oder beides? Frauentexte scheinen – wenn es sie denn gegeben hat – versandet zu sein, Frauen als Beterinnen stumm, unsichtbar gemacht. Dabei ist wohl kaum davon auszugehen, daß Frauen im Laufe der Glaubensgeschichte des jüdischen Volkes und in der Zeit der jungen Kirche weniger gebetet hätten als zur Zeit ihrer Ahninnen. Doch mit diesen Fragen haben sich Exegetinnen, Historikerinnen, Frauenforscherinnen, christliche Archäologinnen zu beschäftigen.

Frauen beten heute

Unser Interesse neben diesem ersten Anstoß, Licht in die biblische Gebetssituationen und möglicherweise -traditionen von Frauen zu bringen, gilt den Gebetsbiografien, der Gebetskultur von Frauen heute. Sie beten »direkt«, d.h. an ausgewählten Orten, zu festgelegten Zeiten, in direkter Gottesanrede, mit ausdrücklich auch kirchenpolitischem Interesse genauso wie »indirekt«, spontan, nicht gebunden an einen Ort, eine Zeit, eine vorgegebene Gelegenheit, so, wie es ihnen ihr Leben, ihr Herz, ihre Beziehung zu Gott und den Menschen notwendig erscheinen läßt. Frauen beten, wenn sie Gottesdienste besuchen und leiten, unter der Geburt ihrer Kinder, vor einer schwierigen Aufgabe, in erfüllten Begegnungen, im tiefen Schweigen vor Gott, auf dem Weg zur Arbeit, vor einer Operation, in der Krankheit, als »Wie-Neugeborene«, als Sterbende … Frauen binden als Witwen und Familienfrauen, Ordens- oder Ehefrauen, geschieden, berufstätig, behindert, jung oder alt – wie auch immer ihre Lebensumstände sind – die Gebete, die sie gelernt haben, ein in ihr heutiges Selbstverständnis von Gott, der Welt und von sich selbst. Sie versuchen, die reiche Gebetstradition ihrer Mütter und weiblichen Vorbilder kennenzulernen, um daran anzuknüpfen; sie verstummen, wo es ihnen die Sprache verschlägt vor Schmerz oder Trauer, und sprechen jubelnd ihr Glück vor Gott und der Gemeinde aus; sie orientieren sich dabei an Klage und Lob aus vergangenen Jahrhunderten und Jahrtausenden; genauso finden sie aber auch ihre eigenen Worte und ihren eigenen Ausdruck.

Mit unserem zweiten Buch möchten wir Frauen dazu anregen, sich als Betende neu und möglicherweise anders zu entdecken, so zu beten, wie es ihrem heutigen Empfinden entspricht, nichts auszulassen – klagend, dankend, lobend, bewundernd –, was ihr Leben ausfüllt, was ihnen geschieht, was sie gestalten. Diesem Anliegen wissen sich alle Autorinnen verpflichtet. Ihre Geschichten suchen in der Erzähltradition des Midrasch nach dem Ungesagten, das zwischen den Zeilen der biblischen Texte hätte stehen können. Ihre Texte schließen jeweils mit einem Gebet, sei es, daß es der Originaltext der Bibel ist, sei es, daß es so heute gesprochen werden könnte von der betreffenden biblischen Gestalt. So zeigen wir, wie sich das persönliche Gebet am Gebet biblischer Frauengestalten formen kann: privat genauso wie in Frauen- und Gemeindegottesdiensten oder in der Frauengruppe. Unsere Texte regen an zur Reflexion, zum Lesen des biblischen Bezugstextes, zur wachen und bewußten Wahrnehmung des eigenen Gebetslebens, zum Aufspüren von verborgenen Quellen genauso wie von Defiziten, Sehnsüchten, Wünschen.

Frauen gestalten kirchliches Beten

Nicht zuletzt sprechen wir in unserem Buch in die Gestaltungsmöglichkeiten kirchlichen Lebens hinein. Denn noch immer sind Gebete von Frauen eher dem Bereich der pia exercitia, den privaten Frömmigkeitsübungen zuzuordnen und nicht dem offiziellen, gemeinschaftsrelevanten und kirchlich formenden Gebet. Frauen heute fordern jedoch ihren Platz in der Gestaltung und im Vortrag kirchlich-öffentlichen Redens. Sie wissen, daß sie etwas zu sagen haben aus ihrer Gottesbeziehung heraus, aus ihrer Lebenserfahrung als Christinnen, als Mitglieder der Gemeinde. Deshalb können und wollen sie nicht länger schweigen.

Auch das vorliegende Buch ist erwachsen aus dem Willen und aus der Erfahrung des Katholischen Deutschen Frauenbundes, des KDFB, dem die meisten Autorinnen angehören. Als katholischer Verband meldet er sich zu Wort, mischt sich ein, wo

Leben in Kirche und Gesellschaft wachsen soll aus christlicher Verantwortung heraus.

So ist ihnen, den Frauenbundsfrauen an der Basis, in Führungspositionen, langjährigen Mitgliedern und jungen Frauen, die es mit diesem Verband wagen wollen, unser Buch gewidmet. Denn sie tragen kirchliches Leben, geben es weiter, verkündigen und beten miteinander, wie es vor ihnen ihre Mütter und Schwestern getan haben und wie wir es immer wieder tun werden in der Tradition des Vaterunser und des Magnificat.

Am Fest der Begegnung von Maria und Elisabet, dem 2. Juli 1998

Benedikta Hintersberger
Stefanie Spendel

---

1   Benedikta Hintersberger / Stefanie Spendel (Hrsg.), Stark bin ich und voller Leben. Frauen der Bibel kommen ins Wort, Don Bosco Verlag München 1997.

KRAFT DER VERHEISSUNG
Genesis 16,1–16

Vor Wochen ist Ismael mit seinen zwölf Söhnen, Enkelkindern und Knechten aufgebrochen, um Abraham, den Vater, in der Höhle von Machpela bei Mamre zu begraben. Heute kam er reich beschenkt zurück. Bevor Abraham nämlich alles, was ihm gehörte, Isaak vermachte, bedachte er die Söhne der Nebenfrauen mit wertvollen Geschenken, besonders Ismael, den Sohn der ägyptischen Magd, seinen Erstgeborenen. Bis in die Nacht hinein haben sie am Brunnen Lahai-Roi gefeiert und sich dann in ihre Zelte zurückgezogen. Morgen früh wollen sie bei Sonnenaufgang wieder in ihr Siedlungsgebiet zwischen Hawila und Schur heimziehen.

Nur Hagar bleibt. Der Brunnen läßt sie nicht los. Auch als Hundertjährige nimmt sie dieser Ort noch in seinen Bann. Bis hierher war sie damals in die Wüste gerannt, einfach davongelaufen, weil sie Sarais Schikanen nicht mehr aushielt. Bilder erscheinen wieder, Erinnerungen steigen hoch, längst vernarbte Wunden beginnen zu stechen:

Was ist in meine Herrin gefahren, warum quält sie mich so? Sie allein hatte doch alles veranlaßt, schickte Abram zu mir, wollte durch mich zu einem Sohn kommen. Und jetzt, wo ich schwanger bin, wo ihr klug eingefädelter Plan zu gelingen scheint, reagiert sie beleidigt und eifersüchtig, dreht fast durch, beschwert sich bei Abram. Wie die letzte Sklavin behandelt sie mich, hart und gemein, mich, die Tochter Pharaos und Nebenfrau Abrams. Wer bin ich denn? Wie kann Abram zu Sarai sagen: »Sie ist in deiner Hand. Tu mit ihr, was du willst!« Dieser Feigling!

Hagar drückt ihren schwarzen Schleier fest ans Gesicht.

Erschöpft, hilflos, verzweifelt, trotzig, so fand sie der Engel hier an dieser Wasserstelle und fragte nach ihrem Woher und Wohin. Ob sie seiner Weisung, zu ihrer Herrin zurückzukehren, gefolgt wäre, wenn ihr nicht der Bote Gottes zugleich die große Verheißung zugesprochen hätte? Auserwählt als Stammutter eines großen Volkes; Nachkommen so zahlreich, daß man sie nicht zählen kann; ein Sohn, ein »Gott hört«, ein Wildpferdmensch, der sich durchsetzen kann! Verändert, gewandelt, neu geboren, frei ging sie ihren Weg zurück.

Sinnend schaut Hagar zu den Zelten hinüber. Alles hat sich erfüllt, über alle Maßen! Ismael, ihr Erstgeborener, jetzt so alt wie damals Abram bei seiner Geburt, aber um wieviel kinderreicher; Fatima, seine Frau; ihre zwölf Söhne, freiheitsliebend, wild und kraftvoll wie ihr Vater, ihre Töchter und Schwiegertöchter, eine schöner als die andere, prachtvoll sie alle wie Kedars Zelte.

El Roi, flüstert Hagar zärtlich, Gott, der nach mir schaut. Und wie damals als junges Mädchen ist die alte Frau bis ins Mark ergriffen, über ihren ganzen Leib läuft ein Zittern, angerührt vom Lebendigen. Langsam bückt sie sich und schreibt mit dem Finger auf die Erde.

Und Hagar sieht Bilder im Sand: Völker pilgern zum Hagarbrunnen. Alle verehren sie Ismael als Stammvater. Auch die Nachkommen von Abraham und Sara, die Hagar so lange als die Unfreie aus ihrer Tradition verstoßen hatten und verächtlich auf sie herabschauten, zollen ihr nun Achtung, indem sie ihre eigenen Töchter Hagar nennen.

Und selbst die, die glaubten, daß der Unterschied zwischen Sklaven und Freien gottgewollt sei, werden lernen, daß es in einem neuen Sohn nur noch Freie gibt.

Hagar steht auf, erhebt ihre Hände zum
Sternenhimmel und betet:

El Roi, Gott, der nach mir schaut.
Du hast mich in meinem Leid gehört,
mir die Augen geöffnet
und mir die Wasser des Lebens gezeigt.
Auch meinen Sohn hast du schreien gehört
und ihn nicht umkommen lassen,
dort, wo er lag.
El Roi, Gott, der geheilt hat,
was an Unrecht und Verbitterung in mir war,
der Zukunft und Sinn eröffnete,
wo Todesmächte mich überfielen.
El Roi, du Lebendiger, du Gott mit uns.
Reiß mich in deine Zukunft.
Wie ausgedorrtes Land, das Wasser braucht,
so brauche ich dich.
Nur in dir finde ich Leben in Fülle.
Voll Freude und Dank will ich dich preisen.

Benedikta Hintersberger

EINSCHALTUNG
Genesis 38,6–30

Daß ein Mann zum *inner circle* der Geschichte Gottes mit den Menschen gehört, der Jakobsohn Juda, verwundert nicht. Doch Juda gegenüber steht Tamar, die Juda zu seiner Schwiegertochter, zur Frau des Er, bestimmt hat. Juda handelt, über Tamar wird verhandelt: ein alltägliches Machtgefälle, das in der Ordnung war, das die Ordnung war. Warum aber rückt eine Randfigur in die Mitte?

Plötzlich und ohne Vorzeichen, so erfahren wir, stirbt der älteste Sohn Judas. Am empfindlichsten getroffen ist Tamar. In Tamars Welt gewinnt eine Frau Wert, Würde und Lebenschancen durch einen Mann.

Der kinderlosen Witwe bleibt nichts als das verbriefte Recht, mit dem Bruder des Toten ein Kind, einen Sohn, zu zeugen.

Ein Sonderrecht. Ein sonderbares Recht. Eher Unrecht denn Recht? Für uns heute gewiß. Doch für Tamar und ihre Schwestern sind Kinder der Ausweg ins Leben.

Juda fordert seinen zweiten Sohn Onan auf, mit Tamar Nachkommen zu zeugen. Doch Onan fühlt sich betrogen. Das Kind gälte als Kind Ers! Tamar soll nicht schwanger werden! Onan verweigert die Solidarität: dem Bruder, der Schwägerin, der Familie. Der Rechtsbruch geschieht im verborgenen. Kein Mensch kann Onan zur Rechenschaft ziehen. Aber Jahwe greift ein. Er läßt Onan sterben.

Jetzt hat Juda schon zwei Söhne begraben müssen. Ganz plötzlich sind sie gestorben. Warum? Gewiß, niemand wird Tamar offen ein Unglück oder gar eine Mörderin nennen. Doch es bleibt an ihr etwas Unheimliches, Bedrohliches. Aus Angst vor Tamar bricht Juda Recht. Er enthält ihr vor, was ihr geblieben ist: die Möglichkeit, durch seinen dritten Sohn

Schela Anteil zu haben am Leben; Juda schiebt Tamar ab.

Tamar muß zurück in das Haus der Kindheit. Sie bringt kein Kind, das sie den Eltern zeigen könnte. Mit sich bringt sie nur ihre Verwirrung, ihre Schande, ihren Schmerz. Tamar, eine Frau? Statt Leben zu bringen, hat sie den Tod gebracht. So empfinden es die anderen, so spürt es Tamar. Von Tamar geht Gefahr aus, darum wird sie klein gemacht. Nun macht sie sich klein, um zu überleben. Tamar duckt sich, es geht ganz leicht. Die Jahre gehen ins Land.

Es tut weh, der eigenen Ohnmacht ins Auge zu blicken. Unter Schmerzen erkennt Tamar, daß sie sich in Lügen einspinnen ließ, eingesponnen hat. Nach dem Willen Judas wird sie als Schelas Verlobte im Elternhaus eingesperrt bleiben. Dort wird sie leben und sterben in der Hoffnung, daß morgen Judas gute Nachricht kommt.

Tamar, die getäuschte Frau, ist der Enttäuschung fähig. Diese Enttäuschung ist wie eine Geburt, sie ist harte Arbeit, die alle Kraft braucht. Sie macht Schmerzen an Leib und Seele. Aber neues Leben bricht sich Bahn. Neues ist gewachsen, seht Ihr es noch nicht?

Tamar hat ihre Illusionen verloren. Sie hat all ihre Kräfte zusammengenommen und mit Leib und Seele hart gearbeitet, um sich zu desillusionieren. Zuerst waren da nur Scham und Bitternis, erst Schmerz und dann Groll. Ein Graben voll Hoffnungslosigkeit, Verstrickung, erstickende Ohnmacht. Nun ist die Arbeit getan. Nun atmet sie frei. Sie hat Spielraum, weiten Atemraum gewonnen.

Und nun handelt Tamar, rasch und besonnen. Zuerst entledigt sie sich der Kleider ihrer Witwenschaft, Kleider, die ihren eigenen Tod zugleich vortäuschten und vertuschten. In ihren Trauerkleidern war sie lebendig begraben, ohne diesen Tod

betrauern zu können. Die enttäuschte Tamar aber trauert. Die Arbeit der Enttäuschung ist Trauerarbeit. Nun kann sie das Trauerkleid mit einem Kleid vertauschen, das das Leben ausruft. Tamar ist keine Witwe mehr, sie ist nicht länger dem Tod verlobt. Ihr Kleid spricht davon.

Der Erzähler braucht einen Sturzbach, ein Staccato von Verben, um Tamars Verwandlung auszudrücken. Tamar, über die verfügt wurde, nimmt nun ihr Leben in die Hand und handelt. Die Gelähmte steht auf und geht. Entschlossen und doch umsichtig bewegt sich Tamar vom Tod ins Leben, aus dem engen Zimmer ins Freie.

Wer gehört zu Tamar? Wer steht zu ihr? Die Frage scheint falsch gestellt. Es ist Tamar, die anderen gehört. Ihre Zugehörigkeiten – das Vaterhaus, Juda, Er, Onan, Schela – sind ganz und gar zweischneidig. Recht und Leben versprach eine jede; am Ende einer jeden steht eine Betrogene, regieren Verarmung, Lähmung und Verlust.

Von anderen Verbindungen weiß die biblische Erzählung nichts. Ist Tamar eine einsame Heldin? In gewisser Weise steht sie allein. In einem einzigen Satz verborgen findet sich jedoch trotzdem der Hinweis, daß Tamar Solidarität gefunden hat. Sie ist nicht die einzige, vielleicht nicht die erste, die auf Abhilfe sinnt. Tamar bekommt einen Tip: Dein Schwiegervater geht zur Schafschur.

Frauen waren eher darauf angewiesen, mit einer List zu arbeiten, wenn sie gegen Unrecht und Ungerechtigkeit ankommen wollten. Halfen Tamar Frauen, Schwestern und Freundinnen, sich zu ihrem Recht zu verhelfen? Frauen sagten es später anderen Frauen weiter: Dank einer mutigen List zählt Tamars Recht mehr als Judas Unrecht! Miteinander teilten sie ihre Freude über den unverhofften und ganz unwahrscheinlichen Ausgang, den Sieg des Rechts einer klugen und klaren Macht- und Rechtlosen über den unbe-

sonnenen und unverschämten Rechtsbruch eines Großen.

Tamar hat etwas von Gott verstanden:
Gottes Gerechtigkeit macht nicht bei Tamar halt! Durch Tamars neu gewordenen
Lebenswillen geschieht Gottes Wille.
Jahwe achtet auf die Mißachteten, die
Fremden, Witwen und Waisen. Dank Tamars Tat wird Juda, der betrogene Betrüger, seine eigene Täuschung erkennen und
umkehren können.

Tamar hat gelernt loszulassen, Täu-
schungen hinter sich zu lassen. Sie spielt
mit hohem Einsatz und gewinnt. Nicht
länger kann Juda seine Ungerechtigkeit
verkennen. Angestoßen durch Tamar
wirft Juda endlich seine Menschenangst
über Bord, um jene Gottesfurcht zu lernen, deren Frucht Bewegungsfreiheit ist,
Gerechtigkeit und das Recht der Schwachen.

Tamar hat Gottes verheißenen Segen gewählt. Gott gibt Tamar Recht. Nun kann

das Leben neu werden. Weil Tamar sich klar, klug und mutig für ihr Recht einsetzte, das Recht der Witwe, weil Juda bereit war, von Tamar zu lernen und umzukehren, hat das Haus Jakobs Bestand bis hin zu König Davids Haus.

Wer unter uns war gefaßt auf Tamars hohen Einsatz für ihr Recht, für *das* Recht, das Recht der Schwachen? Matthäus hat die Botschaft begriffen. Er rechnet fest mit Tamar und mit ihren Schwestern. Tamar zählt er zu den Stammüttern Jesu. Matthäus erkennt den roten Faden, der Tamar mit Rahab, mit Batseba und mit Rut schwesterlich verbindet.

Wer schaltet sich ein? Wer knüpft an Tamars Faden an, an den roten, den seidenen Faden eines Lebens aus und für Gottes Gerechtigkeit? Wer stellt sich zu Tamar und betet gemeinsam mit ihr?

Und Tamar betete mit lauter Stimme:

Mein Gott, neue Kraft in meinen Armen und
Beinen,
Herzschlag in meinem Herzen,
Puls in meinen Adern.
Ich liege nicht am Boden,
aufgestanden bin ich.
Nicht mehr Dunkel und nagende Kälte,
Wärme und Licht umhüllen mich.
Dein Erbarmen trägt mich und
bringt mich ans Licht wie ein Mutterschoß.
Wovor sollte ich mich fürchten?
Aus bitterem Unrecht schaffst du Recht.
Du läßt mich nach oben fallen.
Deinen Atem spüre ich in meiner Lunge.
Er bläst mich ins Freie.
Hier war ich noch nie.
Doch ich fürchte mich nicht.
Ich war zusammengepreßt und klein;
du hast mir die Stricke gelöst.
Stumm und starr wurde ich in Gram und Angst;
meine Verhärtung hast du weich gemacht,
hast mich neu gestimmt.

Die Stimme, die stammelt und stockt,
sie lacht und klingt.
Ich war ganz verloren,
nun erkenne ich mich jubelnd
im Klang meiner Worte,
im Gang meiner Schritte.
Mich habe ich wiedergefunden, mit Staunen.

Susanne Sandherr

GOTTESKAMPF
Exodus 2,10–21; 4,18–26

Unter dem schwarzen Ziegenhaardach des Zeltes sitzen die Beduinenfrauen in enger Runde um die Feuerstelle. Es duftet nach Kaffee und Kardamom. Die Stunde der Dämmerung lockt die Frauen in andere Zeiträume, in die Vergangenheit zurück und in die Träume. Aus Erinnerung und Sehnsucht weben sie den Teppich für die eigenen Schritte ins Leben, den Exodus aus ihren Gefängnissen in die Freiheit.

Eine der Wüstenfrauen, die uralte Zippora, erzählt:

»Wir waren sieben Mädchen. Mich nannten sie Zippora, Vögelein. Ich spielte im Schattengrün der Tamariske, hörte die Geschichten der Alten, achtete das Gastrecht und die Stammesehre und liebte meine Wüstenheimat. Ich kannte die besten Weideplätze für die Ziegen, die Wasserstellen und den heiligen Berg. Ehrfürchtig suchte ich Eli zu gefallen, dem Gott unserer Urmütter und Urväter, dem Einen. Mein Vater Jitro, der Priester von Midian, lehrte mich die Ahnengeschichte und die heiligen Riten. Die Frauen öffneten mir die Welt der Symbole, der Heilkunst. Bei unseren Festen lernte ich das Leben und den Tod zu feiern als zwei Gesichter einer einzigen Wirklichkeit. Ich fand meine innere Heimat und meinen Lebensauftrag in dieser heiligen Ordnung.

Mitten im Alltag, am Brunnen, gerade stritten wir mit den Hirten um die Reihenfolge beim Wasserschöpfen, da stand plötzlich der Fremde in meinem Leben. Sein Gerechtigkeitssinn schaffte uns Frauen Recht gegenüber den Hirten. Er half uns wie ein Bruder, den wir zuvor nie hatten. Und der Vater gab mich ihm zur Frau. Wie die Brachschwalbe im Flug die Steilhänge des Wadi hinab, so stürzte ich in die Tiefen meines fremdbestimmten Schicksals, wurde Gefährtin des Fremden, des Flüchtlings, des Mörders, des Hebräers mit dem ägyptischen Namen Mose.

Der Fremde war in der Weisheit der Ägypter ausgebildet. Die Männer schätzten seine besonnene Rede. Die Wüste allerdings war ihm unbekannt. Viele Jahre ging ich an seiner Seite, Schritt für Schritt die Wüstenwege, bis seine Seele erwärmt war und er die alte Heimat seiner Väter Abraham, Isaak und Jakob wiederfand. Als er von jener geheimnisvollen Begegnung im Feuer des Dornbusches am Horeb erzählte, da wußte ich, nun war er zur Erde zurückgekehrt und zugleich in den Himmel geboren worden. Er war kein Fremder mehr. Der Name seines und meines Gottes, des Eli, des Jau, des Einen, des Jahwe, des ‚Ich bin da‘ war ihm wie ein Siegel eingebrannt ins Herz.

Zusammen mit unsern Söhnen Gerschom und Eliëser machten Mose und ich uns auf den Weg in das Land am Nil. Der Segen meines Vaters war mit uns.«

»Zippora, ahntest du damals, als der Fremde an deiner Hand Gottes- und Wüstenerfahrung sammelte, daß du so Leben und Befreiung eines ganzen Volkes mit vorbereitetest?«

Unter der Schwere neu aufsteigender Erinnerung schmiegt sich die alte Frau noch enger in den Kreis der Frauen und an die Erde.

»Weißt du«, spricht sie leise weiter, »damals wußte ich wie heute, daß der Kampf um das Überleben nie aufhören wird. Und wenn ich nachts den rauhen Linien meiner Freiheitsträume folge, Strukturen erkenne, Gesichter, Steinwüsten, Berge, Abgründe, Brunnen, Zelte, Tiere und Sterne, fühle ich mich oft wie damals in jener dunkel-geheimnisvollen Nacht – ausgesetzt dem Unbegreiflichen werde ich selbst zum Widerstand.

Wir rasteten. Und da trat der Herr dem Mose entgegen und wollte ihn töten. Es war Nacht, in der Einsamkeit der Wüste – ein Überfall. Klare Gedanken konnte ich nicht fassen, doch mein Wille und meine Hände wurden von einer Kraft gelenkt, die mir aus dem Erdinneren, aus dem Schoß der Urmütter, aus ungeformter Erinnerung zufloß, die in mir wie Feuer brannte. Bilder wogten auf von Hochzeitsnächten, Blutbündnissen, Gottesopfern. Da sah ich die Feuersteinklinge, ergriff sie und schnitt ohne Zögern meinem kleinen Sohn die Vorhaut ab. Es war, als hätte ich Mose beschnitten. Das Blut färbte sein Geschlecht. Und Gott ließ ab von ihm, löste die brennende Nähe. Die dunkle Seite Gottes zog an uns vorüber, verschonte uns, wie später die Israeliten in den mit Blut bezeichneten Häusern vom Tod verschont werden sollten. Zum Schutzzeichen war uns das Blut unseres Sohnes geworden. Stellvertretend habe ich dem Bösen widerstanden, habe die heiligen Riten vollzogen, ein Zeichen unserer Gotteshingabe gesetzt. Ich habe mit Gott gekämpft wie unser Vater Jakob mit dem Fremden am Jabbok, habe nicht von ihm gelassen, bis er uns aus seiner Dunkelheit entließ.

Die Gottesbegegnung jener Nacht ist wie eine kostbare Perle, die, schmerzvoll ihrer Behausung entrissen, der Ewigkeit zugeordnet ist. Ich selbst bin diese Perle, in endloser Kette in die Erde, in den Himmel verbunden. Die Verkettung stärkt, was ich in mir trage. Sie kann mich in Angst fesseln oder in die Freiheit führen. Was ich schon als kleines Mädchen wußte, war in jener Nacht zur lebenstragenden Gewißheit geworden: Alle Menschenzeit verläuft im Kräftekreis. Mein Lebenswille führte mich tief in längst vergangene Kreise, berührte uralte Wurzeln, brachte sie zu Austrieb und Blüte. Das Grün dieser fremdvertrauten Zweige stärkte mich zuverlässig auf dem langen, gefahrvollen Weg.

An der Seite vieler Menschen erlebte ich die ägyptischen Plagen, feierte Pessach. In langen Fluchtjahren betete, feierte, litt ich mit ihnen, haderte mit Mose, Mirjam, Aaron. Hunger, Krankheit, Tod und Kriege quälten mich. Die Kraft unseres Gottes aber ließ mich jubeln, tanzen, die tödlichen Wasser durchqueren.«

Zippora, die alte Frau, richtet sich auf. Still verläßt sie die Sicherheit des Zeltes, geht in die Nacht.

Ich höre den Namen Gottes rufen. Ist es ihre, ist es meine Stimme, ist es ein ganzer Chor, der die Nacht durchwebt?

Und Zippora betete:

Standhalten will Ich dir, du Unbegreiflicher, dein Gesicht erkennen im Dunkel des Todes. Du bist gerecht.

Du rufst mich in mein Zuhause. Für immer wird es sein, wie es manchmal war: Alles stimmt – ich stimme überein mit Außen und Innen, Oben und Unten, Vergangenheit und Zukunft, Tod und Leben.
Furchtlos tauche ich in mein Leben zurück wie in Wasser.

Und indem die dunkle Tiefe mich erreicht,
durchfließen Liebeswellen meine Seele,
erkenne ich die Logik aller Wirren,
bin einverstanden,
schaue meine Gottebenbildlichkeit – Gott, den
Einzigen.

Singen werde ich dir, dem Einen,
singen mit meinen Müttern und Töchtern.
Du bist, wo ich bin.

Tanzen werde ich dir, dem Befreier,
tanzen über den Himmel, unter der Erde.
Du bist das Leben.

Jahwe, dein Segen sei mit uns! Amen.

Ulla Grysar

BEFREIUNG
Exodus 15,20–21

Woher hast du dein dunkles Haar
genommen
den süßen Namen mit dem Mandelton?«

Ingeborg Bachmann, Mirjam

Vielleicht rührt der süße Name Mirjam
von dem ägyptischen Wort »mer« her:
Liebe. Denn liebevoll und klug bewacht
Mirjam am Nilufer das ausgesetzte Brü-
derchen Mose im Binsenkorb. Dabei be-
wirkt sie geschickt, daß die Pharaonen-
tochter das Kind zunächst der leiblichen
Mutter zur Pflege überläßt und schließlich
als Adoptivsohn am Königshof erzieht. So
übernimmt Mirjam, die unverheiratet und
kinderlos blieb, schon zu Beginn des Bu-
ches Exodus im 2. Kapitel die Verantwortung für den Schutz und die Pflege
menschlichen Lebens.

Auch bei dem Auszug aus Ägypten und der Wüstenwanderung zeigt Mirjam sich als selbstbewußte und ausdrucksstarke Frau. Nach dem Untergang des ägyptischen Heers im Schilfmeer und der wunderbaren Errettung der Israeliten singt Mose ein Siegeslied zum Dank und Lobpreis Gottes. Mirjam leitet mit Paukenschlag und Gesang den Freudentanz der Frauen ein, und so erscheint sie fortan in den mittelalterlichen Miniaturen jüdischer und christlicher Handschriften: eine temperamentvolle Tänzerin mit Tamburin. Als schöpferische und vitale Persönlichkeit wird sie zur Mutter jüdischer Frauen, wie Pnina Navè-Levinson betont. »Wo Frauen kreativ in Künsten und jüdischer Gemeinschaft wirken, sind sie Töchter Mirjams.«

Im »Lied der Fragen«, das aus einer feministischen Pessach-Erzählung stammt, kommt Mirjams zweite Seite zum Klingen, wenn die Tochter kritisch nach den

Müttern und Vorfahrinnen, nach ihrer Geschichte und ihrem Stammbaum fragt: »Mutter, fragt die ungläubige Tochter, / wenn ich meine Geschichte kennenlerne, / werde ich dann nicht wütend? / Werde ich dann nicht verbittert wie Mirjam, / deren Prophezeiungen nicht geglaubt wurden?«

Mirjam muß die Erfahrung von Zurücksetzung und Scheitern machen, als sie – vergebens – versucht, sich gegen Moses Autorität zu emanzipieren.

Erfahrungen, die Mirjam verbittern, deren Name auch wegen der bitteren Sklavenzeit mit dem hebräischen Wort »marim: die Bitteren« in Verbindung gesetzt wird.

Eine dritte Erklärung führt den Namen Mirjam auf das Wort »meri: Aufstand« zurück, denn zusammen mit ihrem Bruder Aaron rebelliert Mirjam gegen Moses Führungsanspruch. Für ihre Verschwörung und für ihre üble Nachrede über

Moses Frau wird sie mit einem einwöchigen Hautaussatz gestraft, jedoch auf Moses Fürbitte hin geheilt: Sieg der Liebe über die Konkurrenz der Geschwister.

Mirjam, in der hebräischen Bibel mehrfach als Prophetin bezeichnet, wird wie Mose in der biblischen und der rabbinischen Überlieferung als Mensch mit Vorzügen und Schwächen geschildert. Nach talmudischer Legende gehört sie wie ihre beiden Brüder zu den sechs Menschen (Abraham, Isaak, Jakob, Mose, Aaron, Mirjam), über die der Todesengel keine Gewalt hatte.

Ihre Geschichte hat sich fortgeschrieben bis heute, auch wenn die biblischen Frauengeschichten und -geschichte so oft in einer Wüste des Schweigens und Vergessens mit Sand zugedeckt wurden, wie einst Mirjams Leichnam in der Wüste Negev.

»Mutter«, fragt die Tochter im »Lied der Fragen«, »wenn Mirjam im Sand begraben liegt, / weshalb müssen wir ihre Knochen ausgraben? / Weshalb müssen wir sie von der Sonne und den Steinen wegnehmen, / wo sie doch hingehört?«

Im Forschen nach der Vergangenheit und im Fragen nach Gegenwart und Zukunft erinnern Frauen an ihren Part in der Befreiungsgeschichte Israels aus der Knechtschaft. Sie entdecken und entwickeln das Pessach-Fest als Modell für die Frauenemanzipation. Sie gedenken der Geschichte von Frauen, der Erfahrung von Sklaverei und Freiheit und danken für die Fortschritte in der Gleichberechtigung. So ist die Frauenbotschaft am Pessach-Abend süß und bitter zugleich – wie Mirjams Name. Weil Mirjam über Generationen hinweg Frauen als Schwester, Mutter und Tochter begegnet, endet der Pessach-Abend der Frauen nicht damit, daß die Tür für den Propheten Elija geöffnet wird, sondern in der Hoffnung auf Mirjams Kommen: »Mirjam, die Prophetin, Mirjam aus dem Haus Levi. Bald wird sie kommen mit Zimbel und Gesang;

Mirjam, unsere Prophetin, wird mit uns tanzen.«

Verena Lenzen

Mirjam sang den Frauen vor:

Singt dem Herrn ein Lied, denn er ist hoch und erhaben, Rosse und Reiter warf er ins Meer.« (Ex 15,21)

Dein Lied, Mirjam, berührt mich.
Deine Freude darüber, wie Gott, der
Hocherhabene, sich niederbeugt,
wie er dem Meer Einhalt gebietet,
den Weg zur Befreiung bereitet,
läßt in mir viele Saiten klingen.

Du, Mirjam, wagst mit den Frauen
im Vertrauen auf Gott
den Weg vom sicheren Land durch das Meer.
Was dich hindert, bleibt zurück, versinkt.
Mit freiem Atem kannst du dein Loblied singen:
Gott macht seine Verheißung wahr.

Aus der Knechtschaft führt er uns in die Freiheit.
Rosse und Reiter sind nicht seine Welt.
Die Fluten werden uns nicht verschlingen.
Und du fandest die Freiheit.

Deine Freude, dein Triumph steckt an, macht Mut,
gibt mir Kraft und Phantasie, die Pauke zu schlagen,
meine eigene Melodie zu finden, nach der ich tanze,
den Raum zu nutzen mit dem, was ich will, was ich bin,
die Fleischtöpfe Ägyptens zu verlassen
und den Weg in ein neues Leben zu gehen.

Literatur:
Ingeborg Bachmann, Werke, hrsg. von Christine Koschel, München ²1982, 1. Bd., 155;
Fama 6 (1990): Das Lied der Fragen, 10;
Ursula Rudnick, »Mirjam … wird mit uns tanzen!« in: Schlangenbrut 14 (1995), 14–18.

FÜNF SCHWESTERN
Numeri 27,1–11

Machla: Seit Sonnenaufgang ist er jetzt schon fort.

Noa: Du weißt doch, daß er in der Wüste betet.

Hogla: Und wenn Mose nun zurückkommt und unser Anliegen abweist?

Milka: Aber es ist doch so einfach: Unser Vater hatte eben keine Söhne. Warum soll sein Land, unser Erbe, jetzt an andere verteilt werden und der Name unseres Geschlechts untergehen, nur weil wir keine Männer und Söhne sind? Wir sind seine Töchter.

Tirza: Ruhig. Man könnte dich hören.

Machla: Die halbe Nacht ist schon vorbei.

Noa: Ich habe Angst.

Hogla: Was soll nur aus uns werden?

Milka: Es geht nicht nur um das Brot und den Schlafplatz. Es geht um den Namen unseres Vaters und unseren Namen. Wenn wir sein Land erben, dann wird der Name in unseren Kindern lebendig bleiben. Sein Land ist unser Anteil am Land Kanaan. Es steht uns zu.

Tirza: Leise. Sei nicht hochmütig.

Machla: Die Zeit scheint still zu stehen.

Noa: Ach Vater. Wärst du doch lebendig und bei uns.

Hogla: Wir sind jung und stark. Aber was nützt es, wenn wir rechtlos sind.

Milka: Unser Gott ist auch ein Gott der Töchter, nicht nur der Söhne. Aber ob die Söhne dies verstehn? Und Mose ist auch ein Sohn.

Tirza: Still. Das darfst du nicht sagen.

Machla: Seht.

Noa: Er kommt zurück. Er hat die Antwort!

Hogla: Er breitet die Arme aus. Er lächelt.

Milka: Schwestern – wir sind rechtmäßige Erbinnen unseres Vaters. Sein Gut ist un-

ser Gut, sein Land ist unser Land, sein
Name ist jetzt unser Name.
Tirza: Jubelt laut, ihr Schwestern.

Und sie beteten:

Jahwe hat Mose erleuchtet.
Keine Tochter wird in Zukunft voller Angst
die dunkle Nacht erleben, denn Jahwe hat
gesprochen. Keine Tochter wird in Zukunft das
Eigene verlieren, denn das Erbgut des Vaters
steht ihr zu.
Der Name eines Geschlechts wird in Zukunft
nicht mehr aus dem Gedächtnis des Volkes
gelöscht werden, wenn kein Sohn da ist, denn
wir, die Töchter, sind rechtmäßige Erbinnen des
Namens.
Geheiligt sei der Name des Höchsten.
Geheiligt sei der Name unseres Vaters.
Geheiligt sei unser Name.
Geheiligt sei auch dein Name,
unbekannte Schwester heute und morgen.

Regina Ammicht-Quinn

ICH TREFFE,
ZEITÜBERSPRINGEND,
AUF RAHAB
Josua 2; 6,1–25

Rahab: Ich bin wirklich. Ich bin die Dirne, die eine Heimat fand. Menschenschicksale zählen! Jede Wiedergabe von Wirklichkeit ist an einen Standort gebunden. Ich muß die Spuren der Menschen entdecken …

H.R.: Wie heißt du wirklich? Rahab steht für Ägypten, ist im Psalm die heimzuholende Fremde. Bist du das?

Rahab: Das WAR ich. Ich BIN die Fremde, die schließlich »mitten in Israel« wohnen blieb mit ihrer Familie, »bis auf den heutigen Tag«.

H.R.: So hat die Fremde Heimat gefunden?

Rahab: Ja, ich habe Heimat gefunden. Und da klingt für mich in meinem Namen etwas mit, was diesen Weg möglich machte.

Ich höre da stets auch das Wort ráhá mit, das »offen« heißt.

H.R.: Offen? Das hörst du gern? Da staune ich. Das ruft doch deine Existenz als Dirne ins Bewußtsein. Da hattest du ja wahrhaftig ein offenes Haus. Du wohntest nicht inmitten der anständigen Leute.

Rahab: Siehst du, das ist es ja eben: Was am Rande liegt, wird zur Mitte. Gerade diese Lage meines Hauses half mir. Irgendwie hatte der König Wind davon bekommen, daß zwei Fremde bei mir eingekehrt waren. Doch als seine Boten forderten, ich sollte die Männer herausgeben, da mußte man mir bei dieser Nähe zum Stadttor glauben, daß sie schon wieder hinausgegangen waren. Mein »Offen« heißt: offen für Menschen, offen für Botschaften. Du kannst dir vorstellen, mit wievielen Männern ich's zu tun hatte, und das laß dir gesagt sein: Bei mir haben sie ihre Ängste ausgesprochen, mir von dem Auszug der Israeliten aus Ägypten mitten durch die

Wasser des Schilfmeeres erzählt. Mir haben sie anvertraut, wie sie die Vollstreckung des Bannes in unserer Stadt fürchteten. »Cherem, Bann«, das ist der Tod der Besiegten, Mensch und Tier, ohne Ausnahme. Ich hatte gelernt, die Menschen richtig einzuschätzen, und mir wurde es immer klarer: Jericho, meine Stadt, hat keine Chance bei einem Angriff der Israeliten.

H.R.: Aber deine Chance, die hast du blitzschnell und blitzgescheit ergriffen. Du warst gewohnt, Leistung und Gegenleistung zu verrechnen. Da hast du sofort gehandelt: Du verbirgst und rettest die Kundschafter, und sie schulden dir die Rettung deines Lebens. Aber laß mich fragen: Du hast dich nicht vor der Stärke der Heere gebeugt, du bekennst vor den Kundschaftern: »Jahwe, euer Gott, ist Gott im Himmel droben, wie drunten auf Erden.« Du setzt auf diesen Gott, kannst du mir das erklären?

Rahab: Nein, erklären, so mit einem Grund dagegen und zwei Gründen dafür, das kann ich nicht. Aber weißt du, und laß mich das ganz leise sagen, wenn du zu den Verachteten gehörst, wenn du Menschen sehr oft in ihren Schwächen begegnest, dann hast du einen Hunger nach wirklicher Größe, dann erfüllt dich ein Verlangen nach der Gewalt des Guten. Jahwe, das war Antwort auf meine Sehnsucht. Wenn ich mich ihm ganz auslieferte, mich in seinem Schatten bergen konnte, was sollte ich fürchten?

Ich hatte so oft bei Menschen kühn auf den Augenblick setzen, zwischen Verweigern und Hingabe entscheiden müssen, daß ich bei diesem Großen auch bereit war, alles auf eine Karte zu setzen. Und ich habe erfahren: Das ist es, was dieser Gott verlangt: das ganze Ja, das ungeteilte Herz, das Wagnis des Glaubens.

H.R.: Ungeteilt? Du hast doch Bedingungen gestellt: dich und dein ganzes Haus zu retten. Du forderst den Schwur bei Jahwe: »Wie ich barmherzig an euch gehandelt habe, so sollt auch ihr am Hause meines Vaters barmherzig handeln.« Mich erstaunt, mit welcher Festigkeit du solch einen Bund der Gegenseitigkeit forderst, und dann redest du vom Wagnis? Und ich staune, wie du als Prostituierte, als Verachtete, solch ein großes Maß an Fürsorge für deine Familie entwickeln konntest.

Rahab: Du hast offenbar noch nie richtig von Jahwe gehört. Ich hatte vernommen, wie zuverlässig er den Israeliten gegenüber selbst das anscheinend Unmögliche eingehalten hatte. Ich hatte vernommen, wie er Untreue zu vergelten wußte, und ich hatte von seiner umwerfenden Macht gehört: Er rettet! Auf den sollte ich mich nicht verlassen? Und wenn er denn rettet, muß ich dann, wenn ich ihm angehören will, nicht auch so sein: rettend? Eine Hure war zwar verachtet, aber sie zählte zur Wirklichkeit des Lebens. Der Mann, der zu ihr ging, bekam keinen bleibenden Stempel der Verachtung aufgedrückt. Meinst du denn, mein Umgang mit der Schwäche, der Begierde der Männer hätte mich fühllos für Leben und Leiden meiner Familie machen müssen? Ja, ich war eine Sünderin, doch muß mich deshalb das Gift totaler Selbstsucht zerstört haben? Ich hatte gelernt zu geben und zu nehmen. Weißt du immer ganz genau, wann du etwas für dich, wann du etwas für andere tust? Ich wollte dem Tod entrinnen, ich wollte leben.

H.R.: Nachdenklich bleibe ich zurück. In der Tat, das ist die Botschaft der Heiligen Schrift: Das Volk, das seinen Gott in der Wüste gefunden hatte, erhält nun sein Land. Die Dirne, die diesen Gott gefunden hat, wird von der Ausgesonderten zu einer, die in der Mitte siedelt, in der Mitte des Herrn.

Wichtig ist, die doppelt Fremde – Hure und Nicht-Israelitin – hat ihren Platz im Stammbaum des Jesus von Nazaret, weil sie geglaubt hat. Wenn in mancher Exegese immer wieder ihr rechnendes Kalkül hervorgehoben wird, so geht das doch am Kern der Botschaft vorbei. Alles Rechnen hätte nicht gegolten, wenn das Vertrauen getrogen hätte. Diese Rahab wünsche ich mir als Nachbarin. Sie entreißt mich immer von neuem meiner Selbstgerechtigkeit, öffnet mir Herz und Sinn für andere und stärkt mein Vertrauen in diesen Gott, der nicht nur den »Bann« verhängt, sondern auch Erbarmen verwirklicht.

Rahab wird zitiert in der Mahnrede, die wir Hebräerbrief nennen. Ihr Verfasser will einer gelähmten, abgenutzten Gemeinde, der in der dritten Generation der Schwung des Anfangs verlorengegangen ist, eine Glaubensauslegung vermitteln, die ihr wieder Halt geben soll. Das Wagnis des Glaubens, so will er wohl sagen, »lohnt« sich schon in dieser Welt.

Und Rahab betete:

Gott, dein Name kommt zögernd über meine
Lippen. Wer bist du, daß du Heere tötest und
die verschonst, die dir vertrauen?
Dein Name kommt zögernd über meine
Lippen. Du bist der Gott in Herrlichkeit, ich bin
ein sündiger Mensch. Das ist in meinem Mund
nicht die Formel der Frommen, die ihre
Sündhaftigkeit behaupten, ohne zu ihr zu
stehen, um deine Gnadenkraft einzufordern,
nein, ich bin wirklich ein sündiger Mensch, ein
Mensch mit unfaßbarer Schuld. Du läßt mich
vertrauen. Du nimmst mich an. Du erhörst
meine Bitte. In dir finde ich Heimat, und ich will
mit dir auch anderen Heimat geben.
Ich, die Hure, habe die Sehnsucht der Männer
nach Geborgenheit, die Sehnsucht der Starken
erfahren, ihre Schwachheit zur Kenntnis
genommen. Gib mir in meiner Schwachheit
deine Stärke.

Hanna-Renate Laurien

EINE MUTTER IN ISRAEL
Richter 4–5

Ich, Debora, bin Richterin und Prophetin in Israel. So spreche ich Recht zwischen Rama und Bet-El im Gebirge Efraim. Wie das Volk sagt: unter der Debora-Palme. In Gottes Namen habe ich zu sprechen, auch wenn es mir schwerfällt, wie jetzt, wo ich den Heerführer Barak auffordern muß, in den Krieg zu ziehen. Barak jedoch ist ängstlich – und will nur gehen, wenn ich ihn begleite.

Im Namen Gottes soll ich ihn bewegen loszugehen, aufzustehen zum »Aufstand für das Leben«. Wie ein Kind, das ohne seine Mutter den Schritt ins Leben nicht wagen will, verweigert sich Barak dem Ruf Gottes – wenn ich ihm nicht beistehe.

Ich rufe zum Krieg auf: Sollten sich Frauen nicht lieber verweigern, das Leben schützen, gebären, bergen und darin Vorbild für Männer sein? Was kann sie bringen – eine solche kriegerische Auseinandersetzung?

Sie nennen mich: eine Mutter in Israel. Ja, ich bin Mutter – und ich bin Ehefrau. Die Frau des Lappidot. Meine Erfahrungen bringe ich ein, wenn ich die Menschen berate. Um sie sorge ich mich. Ich benenne den rechten Zeitpunkt, ich gebe das Zeichen zum Aufbruch.

So werden die Stämme vereint, um in den Kampf zu ziehen. Denn Reisen sind nicht mehr möglich, Unfriede herrscht in Israel. Die Menschen haben Jahwe verlassen und folgen neuen Göttern. Bauern und Fürsten sollen aufbrechen. Jahwe wird uns helfen. Ich singe mein Lied zur Ehre Jahwes, des Gottes Israels. Die Sterne am Himmel werden uns unterstützen – die Wolken lassen den Regen fluten. Gott selbst greift ein.

Ich werfe meine ganze Person in die Waagschale, bin Prophetin und Botin Gottes. Denn Gott führt die Stämme, Gott ermöglicht den Sieg. Gewonnen wird die Schlacht durch den Tod des Sisera, des feindlichen Feldherrn. Grund ist das mutige Handeln Jaels, »gepriesen unter den Frauen im Zelt« (Ri 5,24). Auch sie eine Ehefrau, was bräuchte sie sich zu kümmern? Sie hat ihren Mann, den Keniter Heber. Friede herrscht zwischen ihm und Sisera. So geht Jael Sisera entgegen – bietet ihm Gastfreundschaft – und verrät diese. Sie wiegt Sisera in Sicherheit: »Hab keine Angst«, sagt sie und gibt ihm Milch, wie einem Kind, sie deckt ihn zu und dann mißbraucht sie sein Vertrauen.

Sie handelt mit List, hat Sisera in das Zelt gelockt – und tötet ihn. Und ich preise Gott für diese Tat, keinen sanften Gott, sondern den Gott des Krieges, den Gott der Auseinandersetzung: »So gehen all deine Feinde zugrunde, Herr. Doch die, die dich lieben, sind wie die Sonne, wenn sie aufgeht in ihrer Kraft« (Ri 5,31). Denn du hast uns die Kraft gegeben, o Gott, Frieden zu schaffen: »Dann hatte das Land vierzig Jahre lang Ruhe.«

Die Erneuerung des Friedens, die Wiederherstellung der Gastfreundschaft im Land, ist nicht sie die Begründung meiner geistigen Mutterschaft? Mein Handeln und das Handeln Jaels ist Gottes Antwort auf den Schrei des Volkes. Der Heerführer Barak – er sieht Jaels Tat und fühlt sich durch sie ermutigt, genauso den Feind zu vernichten: Jabin, den König von Kanaan.

Ich, die gute Mutter, weil ich richte, Jael, die schlechte, weil sie tötet? Oder zwei Bilder einer Frau, zwei Seiten einer Medaille? Es brauchte das Handeln von uns beiden, um zum Sieg zu kommen. Wir Frauen dürfen uns nicht in Sicherheit wiegen, alles den Männern überlassen und nur zu Hause sitzen und warten. Wer selbst nicht handelt, wird behandelt. Wer andere zu Handlangern macht, sich hinter ihnen versteckt und nur zusieht, wird Opfer ihrer Handlungen. Klug ist es, sich einzustellen auf alle Möglichkeiten – unklug wäre es, die Augen zu verschließen vor dem, was uns geschehen kann. Darum rufe ich zum Aufstand, will Leben für alle in Israel. Ich vertraue auf Gott, der mir Kraft gibt und meine Seele mit Mut erfüllt. Denn Gott ist mein Schutz, er ist Israels Halt und Heil. Gott nennt die Stunde zum Aufbruch, Gott sorgt für sein Volk, Gott gibt uns Frieden. Wenn wir Gott lieben, erreichen wir Frieden. Gottes Geist verbindet, was trennt.

Ich, Debora, bete zu dir, o Gott:

Gib mir den Mut, immer neu die Initiative zu ergreifen, zu handeln, wenn es geboten ist. Gott, laß mich erkennen, was der richtige Weg ist. Laß mich Vorbild sein für das Volk. Nicht in allem, doch in diesem Mut, die Zeichen der Zeit zu erkennen, die Mittel klug zu erwägen, sie zu ergreifen – zu handeln.

Nicht um des Preises willen, den der Erfolg bestimmt. Um der Gastfreundschaft willen, die wieder möglich ist, damit wir in Frieden leben können. Laß alle Frauen ihre Aufgaben

erkennen und sie sich zu eigen machen ohne
Zögern, wie es unsere Mütter taten, Sara,
Rebekka, Lea und Rahel.

Ich preise dich, Gott, für Jael, die uns Frauen
errettet hat vor Vergewaltigung und Sklaverei,
indem sie Sisera tötete, den Anführer unserer
Feinde. Ich preise dich, Gott, für die Umkehr
des Volkes, das wieder zu dir zurückkam und
deinen Namen anbetet, denn du hast uns
gerettet aus der Hand unserer Feinde. Du hast
uns begleitet, deine Stämme, die Mut faßten
und mit Barak auszogen im Vertrauen auf deine
Macht. Dafür sei Jahwe gepriesen, der Gott
Israels.

Irene Löffler

PRAKTISCHER UMGANG MIT DEM WUNDERBAREN
Richter 13,1–25

Frau, du hast in der Bibel keinen Namen. Von zwei Männern wirst du bestimmt. Doch das regt mich nicht auf. Auch bei uns werden bis heute die meisten Frauen nach ihren Männern benannt. Bei dir sind's gleich zwei, an denen man sich orientieren kann: dein Mann, Manoach, und dein Sohn, Simson; der ist eher bekannt. Wer sich in biblischen Texten auskennt, dem und der fällt gleich ein: Ach so, das war doch die Zeit der Richter. Und auch deine Geschichte beginnt, wie all die Richterge-schichten, mit der stehenden Rede: »Die Israeliten taten, was Jahwe mißfiel.« Folge: Gott ließ sie in die Hand ihrer Feinde fal-len. Diesmal waren es wieder Philister, diese Erzfeinde Israels. Woher sollte da Hilfe kommen? Etwa aus einem so gott-verlassenen Nest wie Zora? Wo in Gottes

Namen lag das denn? Und vielleicht gar aus der Familie eines Mannes, von dem keiner je was gehört hatte, und dessen Frau, nämlich du, auch noch unfruchtbar war? Was für ein Elend für dich!

Und jetzt lese ich da in der Bibel, daß ausgerechnet von so einer vom Unheil gezeichneten Frau die Wende kommen soll? Es heißt ganz einfach, daß ein Bote Gottes dir das Glück angesagt hat, das Glück eines Sohnes.

Wie ist das denn, wenn ein Bote Gottes kommt? Woran erkennt man ihn denn? Du hattest offenbar keine Probleme. Du warst auch nicht schockiert, als du hörtest, der Erwartete sollte ganz Gott geweiht sein. Merkwürdige Bedingungen sind da zu lesen. Dich ficht das nicht an; aber Manoach ist skeptisch. Wer weiß, was seine Frau sich da zusammengeträumt hat! Er wird sich selbst um die Sache kümmern müssen – so denkt er. Also bittet er Gott um Belehrung, denn er, der Mann muß belehrt werden, damit die Welt wieder in

Ordnung kommt. Doch siehe da, Gott erhört zwar seine Bitte – allerdings nicht ganz wie erwartet.

Ich kann mir vorstellen, Frau des Manoach, daß es für dich eine kleine Genugtuung war, als sich herausstellte, daß der Bote Gottes lieber mit dir verhandelte! Kein Wunder, daß der herbeigeeilte Manoach skeptisch bleibt. Wer war der Fremde überhaupt? Erzählte er wirklich die gleiche Geschichte, die seine Frau ihm schon aufgetischt hatte? Also wird der Fremde zum Nachtmahl eingeladen. Ein Gespräch unter Männern – nüchtern und sachlich – wird Klarheit schaffen und dieses Weibergeschwätz entlarven. Doch falsch kalkuliert hat da dein lieber Manoach. Aus dem – wie er dachte – gemütlichen Mahl wird ein Opfer, und in der Flamme des Altars gehen Manoach die Augen auf. Da erschrickt er und er fürchtet den Tod.

Ich finde es umwerfend, wie gelassen du bleibst: Wenn Gott gewollt hätte, daß sie sterben, dann wären sie jetzt schon tot! Aus diesem Argument spricht ein praktischer Umgang mit dem Wunderbaren. Du gerätst weder in Verzückung noch in Verzweiflung. Du tust vielmehr etwas ganz anderes: Du sorgst dafür, daß du schwanger wirst! Während dein Mannsbild noch zweifelt und sich dem Tod nahefühlt, glaubst du, komme, was da wolle, daß jetzt erst einmal das Leben dran ist.

Du faszinierst mich immer aufs neue mit deiner Erdverbundenheit und deinem praktischen Sinn, der dich auch dann nicht verläßt, wenn ein Engel bei dir erscheint.

Dein Sohn Simson wurde Richter über Israel und bekämpfte die Feinde seines Volkes mit großer Kraft. Und das konnte er, weil du im rechten Moment den Kopf nicht verloren hast.

Und so bete ich mit Manoachs Frau:

Ein Bote Gottes?
So einfach am hellen Tag?

Oder bei Nacht an meinem Bett?
Mit besonderer Botschaft extra für mich?

Halte ich das für möglich?
Und wenn –
was würde ich tun?
Würde ich ihn denn erkennen?
Er käme ja wohl nicht mit Flügeln?
Wie sähe er aus?
Was hätte er mir zu sagen?
Unglaubliche Neuigkeit,
so wie jene in der Bibel?
Oder ganz Alltägliches,
das ich übersehen?

Wie dem auch sei:
Sollte er kommen –
jener Bote,
dann laß mich ihn erkennen.
Laß mich hören auf das,
was er mir zu verkünden hat –
dieser Bote von dir.

Gabriele Miller

NUR ZU LESEN MIT DEM
RICHTIGEN TON
Richter 16, 4–20

Delila, Simson sieben Locken abschneidend. Simson schläft.

Delila sprach:

»Simson, du Luftgespinst, Ausbund von Männerphantasien. Größer, stärker, potenter, klüger, unsterblich will jeder von euch sein. Draufgänger, Kraftmeier, Weiberheld, Muskelpaket, millionenfach vergrößert durch Waffen und Wissen, Munition und Wirtschaftsmacht, Zerstörungswut. Simson, du bist ein solcher Idiot.«

Die erste Locke fällt.

Delila sprach:

»Du hast meine Leute gemordet, entehrt, zerfetzt und giltst doch als ehrbar, hochangesehen, ein Mann in Israel; Philisterfrauen geschändet, keine geschont,

vergewaltigt, auch die Mädchen, gebrand-
schatzt und aufgespießt, Kinderschädel gegen die Wand gekracht, Säuglinge ins
Feuer geworfen, niemanden geachtet,
Mörder bist du.«

Die zweite Locke fällt.

Delila sprach:

»Richter, Schwachkopf, verliebst dich in
Feindesfrau, ahnst nicht das Unheil, weißt
nicht, daß mein Herz brennt für mein
Volk – und nur ein bißchen vielleicht auch
für dich. Wirst zugrunde gehen, Simson,
Rache ist jeder Schnitt.«

Die dritte Locke fällt.

Delila sprach:

»Ach, Simson, Kind, warum warst du so
blind? Betest mich an und verhöhnst mich
zugleich. Führst mich mit deinem Flirten
hinters Licht, treibst mutwillig dein Spiel
mit mir. Wie konntest du nur dein Geheimnis verraten, statt mir zu vertrauen,
daß ich es dir schütze, wenn du's nur für

dich behältst? Ich konnte nicht wachsen an dir und deinem Leben. Jetzt stirbst du dafür.«

Die vierte Locke fällt.

Delila sprach:

»Ich werde mich retten, dir nicht mehr gehören. Aus ist's, passé; Delila, die deine, bin ich nicht mehr. Delila, für mich, die Neue, für mein Volk, für Leben, für Freiheit, werde ich sein, Delila – allein.«

Die fünfte Locke fällt.

Delila sprach:

»Sie werden dich blenden, blind wirst du bleiben. Kein Gefühl, das dich warnt, keine Intuition, die dich schützt. Dein Panzer aus Kraft, was nützt er dir jetzt? Papiere, weiße Kittel, Ingenieurbüro, Professorengehalt – alles aus Wind. Ein Held bist du nicht, gefangener Tölpel. Kriegslist, deine eigene, wendet sich jetzt gegen dich.«

Die sechste Locke fällt.

Delila sprach:

»Noch wenn du stirbst, willst du mächtig sein, in den Tod mit dir reißen, was immer nur geht. Wer die Liebe nicht kennt, ist tödliche Waffe gegen sich selbst wie gegen alles, was lebt, du und ich. Simson, Gottes Erwählung verdirbt, wenn sie in zerquetschende Gedanken und Herzen fällt, statt in Menschen, die Sprünge haben wie Gefäße aus Glas, zerbrechlich, vergänglich, geschaffen aus Tränen, Sehnsucht und Scham. Keine Schwäche, kein Zweifel, kein Riß in der Abwehr – nur ein bißchen Geschwätzigkeit, wie dumm von dir. Komm, Simson, schlaf weiter, mein Lieber, gleich ist's vorbei!«

Die siebte Locke fällt.

Und Delila betete:

Vor mir ein Berg aus Schuld, Gott, ich werde Simson verraten.
Hinter mir ein Trümmerfeld, Gott,
die Liebe ist tot.

Rette mich, Gott, aus meiner Verzweiflung.

Über mir das Leben, Gott,
ich bringe Befreiung.
Hinter mir das Leben, Gott,
das aus dir kam.
Rufe mich, Gott, trotz meiner Verzweiflung.

Vor mir nur Zukunft, Gott,
ich werde bestehen.
Hinter mir Untergang,
der überwunden ist.
Laß mich nicht, Gott,
ohne Verzweiflung.

Simson erwacht.

Stefanie Spendel

AHNFRAU, SEI GEPRIESEN
Rut 4,13–17

Eine volkstümliche Geschichte aus der Zeit, als in Israel Könige regierten.

Eine Geschichte von zwei Frauen, die sich von Gott und ihren Herzen auf abenteuerlichen Wegen durchs Leben führen ließen.

Eine Geschichte, die zur Festtagsgeschichte wird, alljährlich erzählt zum jüdischen Weizenerntefest.

Hungersnot herrscht in Betlehem und zwingt die Menschen auszuwandern gen Osten ins Grünland von Moab, jenseits des Toten Meeres. Sie werden nicht reich, können aber leben. Zwei Söhne einer Familie aus Israel heiraten. Doch alle männlichen Familienmitglieder, der Vater und die beiden Söhne, sterben. Zurück bleiben zwei moabitische Schwiegertöchter und Noomi, ihre Schwiegermutter, ohne

Schutz und ohne Altersversorgung. So hart vom Schicksal verfolgt, gleicht Noomi dem biblischen Ijob. Doch im Unterschied zu ihm bleibt sie nicht leidend auf einem Schmutzhaufen sitzen und disputiert mit Freunden. Noomi kehrt zurück in ihr Heimatland, das mit wirtschaftlichem Aufschwung gesegnet ist. »Gott hat sich seines Volkes angenommen«, denkt Noomi. »Ob Gott sich auch meiner annehmen wird?«

Noomis Schwiegertöchter begleiten sie. Doch mit humorvoller Selbstdistanz erklärt sie ihnen an der Grenze, daß sie Ehemänner bräuchten und daß sie ihnen keine schaffen könne. Und selbst wenn, würde es doch etwas lange dauern, bis die Jungen alt genug wären. »Also«, so Noomi, »geht zurück zu euren Müttern. Das ist die einzige Chance. Gott lasse euch die Liebe spüren, die ihr die Verstorbenen und mich habt spüren lassen. Gott lasse euch Geborgenheit finden im Haus eines Ehemannes. Kehrt um, meine Töchter, nicht euch, sondern mich hat die Hand Gottes getroffen.« Orpa küßt ihre Schwiegermutter und kehrt zurück in ihr Land. Rut aber sagt zu ihrer Schwiegermutter den bekannten Satz: »Wohin du gehst, dahin gehe auch ich; wo du bleibst, da bleibe ich auch. Dein Volk ist mein Volk, und dein Gott ist mein Gott. Nur der Tod wird mich von dir scheiden.«

Noomi und Rut kommen mit leeren Händen nach Betlehem. Noomi kann ihren früheren Nachbarinnen keinen Reichtum und keine große Familie präsentieren, nur eine ausländische Schwiegertochter. »Nennt mich nicht Noomi«, ruft sie ihnen zu, »nennt mich Mara, die Bittere. Denn viel Bitteres hat der Allmächtige mir angetan.« Nun sitzen sie da, die Schwiegermutter und die Schwiegertochter. Das Feld, das ihnen gehört, ist nicht bewirtschaftet und allein schaffen sie es nicht. Rut will von ihrem Armenrecht Gebrauch machen und auf fremden Feldern hinter den Erntearbeitern die zurückgelassenen Reste auflesen. Es wird die beiden Frauen satt machen, wenigstens für einen Tag. Rut gerät auf die Felder eines gottesfürchtigen Grundbesitzers. Er erklärt der Fremden seine unerwartete Großzügigkeit: »Mir wurde alles berichtet, was du nach dem Tod deines Mannes für deine Schwiegermutter getan hast. Der Gott Israels, zu dem du gekommen bist, um dich unter seinen Flügeln zu bergen, möge dir dein Tun vergelten und dich reich belohnen.« Zunächst einmal aber belohnt Boas, der Grundbesitzer, Rut. Er läßt sie mittags mitessen und befiehlt seinen Schnittern, viele Ähren fallen zu lassen. Mit fast 40 Kilo Gerste kehrt Rut am Abend zu Noomi zurück. »Wo hast du gelesen?« fragt sie und fährt in einem Atemzug fort: »Gepriesen sei Gott, der auf dich achthatte!« Als Rut ihr erzählt, wo sie gearbeitet hat, erkennt Noomi in diesem »Zufall« die Handschrift Gottes. Es muß ein göttlicher Gunstbeweis sein, daß Boas, der Grundbesitzer, ein naher Verwandter ist. Solange Rut auf seinen Feldern mit seinen Mägden lesen darf, ist sie vor männlichen Übergriffen sicher. Die Sorge um Rut hat Noomi aus ihrer verzweifelten Lethargie geweckt. Rut wollte für sie sorgen, nun sorgt sie für Rut.

Und Gott ist mit ihnen, da ist sich Noomi sicher. Also erklärt sie Rut, daß Boas am Abend nach dem Dreschen beim Getreide schlafen wird, um es zu bewachen. Sie solle sich dann frisch gewaschen und gesalbt zu seinen Füßen legen. Wenn er dann aufwache und frage, was sie da mache, solle Rut ihn um Schutz bitten, denn er sei ihr Löser. Damit erfüllt er die Pflicht des nächsten Verwandten gegenüber der Familie, wenn Besitz in fremde Hände kommt oder der Name auszusterben droht. Rut ist Witwe eines Israeliten und ohne Nachkommen, Boas ein Verwandter. Der ist von Rut, ihrer Tüchtigkeit und Liebesfähigkeit, die er in ihrem Verhalten der Schwiegermutter gegenüber beobachten konnte, so angetan, daß er die Sache in die Hand nimmt. Er klärt mit dem nächsten Verwandten den Verkauf des Landes der Witwe und nimmt Rut zur Frau. Sie wird ihm zur Frau, wird schwanger und Mutter eines Sohnes. Dieser Sohn ist, so will es das Gesetz, stellvertretend der Sohn von Ruts erstem Mann. Damit ist das Kind auch der Enkelsohn Noomis. Die Nachbarinnen freuen sich mit ihr. Sie preisen Gott, das Kind und die Schwiegertochter, »die dich liebt und die mehr wert ist als sieben Söhne«.

Noomi hat im Alter, so wie Ijob, das Glück gefunden. Doch anders als bei ihm kommt die Wende zum Guten für alle Beteiligten durch das Zusammenspiel von Gottes Fürsorge, einem gottesfürchtigen Mann und der unerschütterlichen liebevollen Verbundenheit zweier Frauen. Über das durch den Löser Boas geschenkte Glück der Frauen hinaus wird der Sohn Ruts, Obed, Ahnherr Jesu, des Erlösers.

Und Noomi betete am Abend nach der Geburt
ihres Enkelsohnes Obed:

Gott meines Volkes,
Erbarmer Noomis und Ruts.
Danken möchte ich dir, daß Rut und Obed
wohlauf sind.

Du hast mich einen langen Weg bis hierher
geführt. Es war ein abenteuerliches Leben, mit
vielen schweren Wegstrecken. Ich habe dir nie
geflucht. Doch wenn es wirklich bitter wurde,
wie damals als Wirtschaftsflüchtling in einem
fremden Land, fiel es mir schwer, an deine Güte
und Barmherzigkeit zu glauben.

Als mein Mann und später beide Söhne starben,
habe ich dich nicht mehr verstanden. Was hatte
ich dir getan, daß du mir alles genommen hast?
Warum?

Nein, du hattest mir nicht alles genommen.
Meine beiden Schwiegertöchter waren ein
wirkliches Geschenk. Und ohne Rut und ihr

unerschütterliches Vertrauen ins Leben und damit in dich, hätte ich mich auf der Wanderung nach Hause irgendwo unter einen Strauch gelegt und wäre an Erschöpfung und Mutlosigkeit gestorben. Daß du dich mir in einer jungen Moabiterin offenbarst, hatte ich nicht erwartet. Sie war doch eine Fremde, eine Ungläubige, gehörte nicht zu deinem erwählten Volk – oder doch? Heute bin ich sicher, daß du erwählst, wen du willst. Und ich hatte das Glück, mit zwei Erwählten zusammenzutreffen: mit Rut vor allen anderen und mit Boas. Durch die beiden hast du mir geschenkt, was ich mein Leben lang gesucht habe: Geborgenheit.

Ich weiß es zu schätzen, denn ich selbst war eine Fremde in Moab und eine verzweifelte alte Frau ohne Familie und ohne Zukunft in Betlehem. Du hast mich geborgen und du hast mir Heimat gegeben. Ich bin nach einem langen, langen Weg zu Hause angekommen. Gepriesen seist du, großer Erbarmer!

Ute-Beatrix Giebel

EINE ZEIT DES BITTENS UND EINE ZEIT DES LOBENS
1 Samuel 1–2

Für Heike

Die biblische Hanna aus dem ersten Samuelbuch ist eine Frau mit zwei Gesichtern. Wir erleben sie vor und nach einer tiefen Krise. Diese Krise hat sie verändert und verwandelt. Wen wundert es da, daß sie auch eine Frau mit zwei Gebeten ist?

Als wir Hanna kennenlernen (1 Sam 1), ist sie eine unglückliche und gedemütigte Frau. Ihr Mann Elkana liebt sie zwar von Herzen, aber er kann ihr den großen Kummer nicht nehmen: Während die Kinderschar der »anderen«, zweiten Frau ihres Mannes, Peninna, ständig wächst, bleibt sie kinderlos. Ist es Eifersucht, die Peninna dazu bringt, Hanna deren fehlende persönliche Erfüllung und geringeres soziales Ansehen immer wieder kränkend vor Augen zu führen? Muß sie, indem sie die »andere« in den Augen aller herabsetzt, ihre Angst zukleistern, ihr gemeinsamer Mann könnte Hanna mehr lieben als sie? Tatsache ist, die Taktik geht auf. Die kleinen Sticheleien, die boshaften Bemerkungen: »Siehst du nicht, daß Elkana mich mehr liebt als dich? Schließlich habe ich ihm Söhne geboren, während du doch nur ein trockenes Holz bist!« kriechen Hanna buchstäblich unter die Haut, schnüren ihr die Kehle zu. Alle Jahre wieder, bei der Wallfahrt nach Schilo spielt sich die Schmach dann noch vor aller Öffentlichkeit ab. Hanna hat dem nichts entgegenzusetzen, sie weint, sie zieht sich zurück und sie bestraft den unfruchtbaren Leib mit Nahrungsentzug. Wenn er schon nichts wert ist, dann soll er das auch spüren!

Doch an einem dieser unerträglichen Wallfahrtstage geschieht das Unglaubliche. Hanna gibt sich einen Ruck, geht geradewegs hinein in das Heiligtum und

»tritt vor Jahwe«. Den Türhüter in Gestalt des Priesters Eli ignoriert sie einfach.

Hanna betet stumm, nur ihre Lippen bewegen sich. Unter bitteren Tränen bittet sie Gott um einen Sohn. Sie will ihn auch nicht für sich, sondern er soll Jahwe geweiht sein. Will sie Gott damit bestechen? »Jahwe Zebaot, sieh doch das Elend deiner Magd an!« Wenn Eli sie hören könnte, er würde den Atem anhalten. Nicht nur, daß Hanna es wagt, leise zu beten und sich damit seiner Kontrolle zu entziehen oder ohne Erlaubnis ihres Mannes, also illegal, ein Gelübde abzulegen – sie redet Gott sogar mit einem neuen Namen an! Niemand hatte ihn zuvor in der Bibel »Zebaot« genannt!

Der Aufmerksamkeit der jüdischen rabbinischen Gelehrten ist das nicht entgangen, und sie haben auch eine Erklärung dafür. »Zebaot« bedeutet nämlich nicht nur im militärischen Sinne »Heerscharen«, sondern kann von der Grundbedeutung des Wortes her eine »große Menge« bezeichnen. Und so spürten die Rabbinen den Gedanken nach, die Hanna in ihrem Gebet bewegt haben mögen: »HERR der Welt, bei all dem Vielen (Zebaot), das du geschaffen hast auf der Erde, ist es da so schwer für dich, mir einen einzigen Sohn zu geben?« Dazu erzählen sie ein Gleichnis: »Womit ist diese Sache zu vergleichen? Einem König aus Fleisch und Blut, der für seine Angestellten ein üppiges Festmahl gab. Da kam ein Armer, der stand an der Tür und sagte zu ihnen: Gebt mir einen Krumen!, aber sie beachteten ihn nicht. Da verschaffte er sich mehr Nachdruck, ging hinein zum König und sagte zu ihm: Mein Herr König, von allen Köstlichkeiten, die du gemacht hast, ist es da so schwer in deinen Augen, mir einen einzigen Krumen abzugeben?«

Aufgrund dieser Auslegung gilt Hanna in der jüdischen Tradition als diejenige, die verstanden hat, was Beten heißt. Gebet, *Tefila*, meint demnach die Aufforderung: Schau genau in die Welt, wie sie ist und wie sie Gott gewollt hat. Scheue dich nicht, die Widersprüche zu benennen und vor Gott den Ausgleich sozialer Gerechtigkeit einzuklagen.

Hannas Klage hat Gott überzeugt. Sie wird schwanger und gebiert Samuel, aus dessen Hand später die Könige Saul und David gesalbt werden. Mit der Geburt Samuels hat Hanna ein neues Selbstbewußtsein gewonnen. Sie nimmt ihre Geschicke nun selbst in die Hand. *Sie* bestimmt den Namen des Kindes, *sie* entscheidet, wann sie das nächste Mal die Wallfahrt nach Schilo unternehmen will, *sie* packt Kind und Opfergaben ein, tritt vor den Priester und teilt ihm mit, der Knabe werde fortan als ein Gott Geweihter im Tempel bleiben. Hatte Eli Hanna beim ersten Mal noch Vorhaltungen wegen ihres Verhaltens gemacht, so ist er jetzt – sprachlos.

Hanna aber erhebt ihre Stimme, betet erneut, diesmal laut und vernehmlich. Ja, Hanna singt, und dieses Lied macht sie in der jüdischen Tradition zur Prophetin, zusammen mit Sara, Mirjam, Debora, Abigajil, Hulda und Ester. »Mein Herz frohlockt durch Jahwe«, bekennt sie, und sie weiß auch, warum. Kein Fels ist so verläßlich wie er. Niemand ist mit dem Gott Israels zu vergleichen. Er ist der Schöpfer, er allein ist Richter über menschliches Handeln, nur er macht tot und lebendig. Jahwe kann die Welt der Menschen auf den Kopf stellen, denn er richtet aus dem Staub die Schwachen auf und erhöht die Niedrigen, macht arm und macht reich. Ein solches Bekenntnis verlangt nach Öffentlichkeit, und aus dieser Kraft des Glaubens heraus kann Hanna sogar wirksame Fürbitte für andere leisten. Die Tradition weiß zu berichten, daß sie durch ihre Gebete die Männer der Rotte Korach, die sich einst in der Wüste gegen Mose aufgelehnt hatten und von der Erde verschlungen worden waren, von den Qualen der Hölle befreit hat. Und unausgesprochen ist das Bekenntnis zum starken und gerechten Gott

Jahwe auch die Grundlage dafür, daß Hanna sich in der Zeit der Krise an ihn wenden kann.

Jahrhunderte später wird eine andere Frau mit Worten, die sie ihrer Vormutter Hanna abgelauscht hat, die Größe des Herrn preisen. Maria antwortet damit ebenfalls auf eine Schwangerschaft, die das Schicksal des Volkes Israel bestimmen sollte.

Nicht alle Aussagen dieser Lieder gehen mir leicht über die Lippen. Wenn ich als Christin heute in das Lied der Hanna einstimme oder das »Magnificat« der Maria abends in der Vesper der Stundenliturgie singe, dann weiß ich aus der Geschichte der Hanna jedenfalls eines: Gotteslob lebt von innerer Freude. Aber in ihm ist die Erinnerung an Zeiten der Not aufbewahrt, in denen die Tränen das gesprochene Wort erstickten. Denn Gott hat die stumme Bitte der Hanna ebenso gehört wie ihren Psalm.

Und Hanna betete:

Mein Herz ist voll Freude über den Herrn,
große Kraft gibt mir der Herr.
Weit öffnet sich mein Mund gegen meine
Feinde;
denn ich freue mich über deine Hilfe.
Niemand ist heilig, nur der Herr;
denn außer dir gibt es keinen Gott;
keiner ist ein Fels wie unser Gott.
Redet nicht immer so vermessen,
kein freches Wort komme aus eurem Mund;
denn der Herr ist ein wissender Gott,
und bei ihm werden die Taten geprüft.
Der Bogen der Helden wird zerbrochen,
die Wankenden aber gürten sich mit Kraft.
Die Satten verdingen sich um Brot,
doch die Hungrigen können feiern für immer.
Die Unfruchtbare bekommt sieben Kinder,
doch die Kinderreiche welkt dahin.
Der Herr macht tot und lebendig,
er führt zum Totenreich hinab und führt auch
herauf.

Der Herr macht arm und macht reich,
er erniedrigt, und er erhöht.
Den Schwachen hebt er empor aus dem Staub
und erhöht den Armen, der im Schmutz liegt;
er gibt ihm einen Sitz bei den Edlen,
einen Ehrenplatz weist er ihm zu.
Ja, dem Herrn gehören die Pfeiler der Erde;
auf sie hat er den Erdkreis gegründet.
Er behütet die Schritte seiner Frommen,
doch die Frevler verstummen in der Finsternis;
denn der Mensch ist nicht stark aus eigener
Kraft.
Wer gegen den Herrn streitet, wird
zerbrechen,
der Höchste läßt es donnern am Himmel.
Der Herr hält Gericht bis an die Grenzen der
Erde.
Seinem König gebe er Kraft
und erhöhe die Macht seines Gesalbten.

Dagmar Mensink

DIE LEBENSFÖRDERLICHE
ALTERNATIVE
1 Samuel 25

Eine Frau, zwei Männer: Der eine ist ihr Ehemann, der andere bietet ihr am Ende der Geschichte die Ehe an. Klassischer Stoff für eine atemberaubende Story.

Auch die nähere Charakterisierung der Hauptpersonen folgt einem einfachen Muster: Die Frau, Abigajil, ist »klug und von schöner Gestalt«, Nabal ihr Mann »roh und bösartig«. Der andere Mann, David, »tapfer, ein guter Krieger, wortgewandt, von schöner Gestalt, und Jahwe ist mit ihm« (1 Sam 16,18). Von dieser Ausgangslage her heißt konsequenterweise das Happy End: David heiratet Abigajil.

Und doch ist diese Geschichte in mehrfacher Hinsicht ein Lehrstück und Abigajil seine Lehrmeisterin.

Der Grundkonflikt ist schnell erzählt: David zieht den Neid des erfolglosen Königs Saul auf sich, er flieht vor Saul und schart im Grenzgebiet zu Juda Leute um sich, die ihren Lebensunterhalt damit verdienen, daß sie Bauern und Gutsbesitzer in der Gegend »schützen«. So haben sie auch auf die Schafherden und die Hirten des Nabal acht, die sich weit entfernt vom Gut in der Steppe aufhalten. Als David dafür von Nabal anläßlich der Schafschur seinen »Lohn« abholen will, verweigert dieser ihn.

David reagiert sofort auf diese Provokation und reitet mit bewaffneten Gefolgsleuten zum Gut Nabals, um es völlig zu vernichten.

Weil keiner von sich selbst absehen kann, ist eine Lösung ohne Gewalt nicht in Sicht.

Nur einer der Zuschauer entzieht sich dieser tödlichen Starre und bringt Bewegung in den Konflikt, indem er sich an Nabals Frau Abigajil wendet und sie dringend bittet, das Ihre zur Lösung des Konflikts zu tun.

Abigajil läßt sich davon ansprechen. Als der Bote kommt, um ihr zu berichten, wie Nabal die Ansprüche Davids abgelehnt hat und welches Unheil dadurch dem ganzen Haus droht, bleibt sie nicht tatenlos als gehorsame Ehefrau eines törichten Mannes. Sie zieht sich nicht darauf zurück, daß sie nichts machen kann, daß sie nichts zu sagen hat oder daß sie nur auf Weisung ihres Mannes handelt. Sie entscheidet zugunsten des (Über-)Lebens und ist mutig genug, das auch gegen ihren Mann zu tun.

Als Abigajil erkennt, daß die Situation gefährlich ist und wie sie eingreifen kann, veranlaßt sie sofort alles Notwendige. Sie zögert nicht, sie berät sich nicht mit anderen. Sie tut das Richtige zur richtigen Zeit. Als sie den Berg hinunterreitet, kommen David und seine Männer ihr schon entgegen. Bewußt gibt sie den Knechten mit den überreich beladenen Eseln einen Vorsprung und akzeptiert damit die Forderungen Davids. Sie vertraut jedoch nicht allein auf die Wirkung der Gaben.

Abigajil handelt mutig. Sie reitet ungeschützt einer Gruppe von Männern entgegen, die nichts zu verlieren haben, weil sie ohnehin außerhalb der guten Gesellschaft leben. Durch den Bericht des Boten weiß Abigajil, daß ihr Einsatz die letzte Chance ist für ihr »ganzes Haus«, für viele Menschen, die im Clan-System der Zeit völlig auf den Schutz durch die Gutsbesitzer angewiesen sind.

Abigajil handelt souverän. Zwar verneigt sie sich vor David und wirft sich ihm zu Füßen, ihre Worte zeugen jedoch von Urteilskraft und Selbstbewußtsein und verdienen eine nähere Betrachtung:

Sie bekennt sich schuldig, weil sie nicht bemerkt habe, daß Nabal eine Entscheidung trifft, die Unheil über das ganze Haus bringt. Und es klingt, als wäre normalerweise sie es, die zum Wohl des Gutes entscheidet und dem Haushalt vorsteht. Ein deutlicher Tadel ergeht ebenfalls an David, der mit seiner Racheaktion das Blut vieler unschuldiger Menschen vergossen und so vor Jahwe Blutschuld auf sich geladen hätte – ein Schlagloch auf dem Weg Davids zur Königswürde.

Zuletzt segnet Abigajil David: »Es sei das Leben meines Herrn bei Jahwe, deinem Gott, eingebunden in den Beutel des Lebens« und sie beendet diesen Segen mit der Bitte, daß David an sie denken möge, wenn er denn wirklich »Fürst über Israel« ist.

Das ist nicht die Rede einer demütigen, im Staub liegenden, ängstlichen Frau. Das ist die Rede einer Frau, die weiß, daß die Anwendung brutaler Gewalt letztlich auch den Siegern schadet.

Damit handelt Abigajil unkonventionell. Sie durchbricht das Schema von Streit, Gewalt und Tod, und darin genau liegt die Quintessenz dieses Lehrstücks:

Nabals Weg ist der starre, der konsequente Weg: Er hat den Schutz der Herden bei David nicht bestellt, also wird auch nicht bezahlt. Koste es, was es wolle, Nabal glaubt sich im Recht. Zuletzt stirbt er, weil »sein Herz versagt … es war wie versteinert«, als Abigajil erzählt, wie sie den Konflikt mit David gelöst und das Haus gerettet hat.

Abigajils Weg ist der lebendige Weg, dessen Prinzip das »Einbinden allen Lebens in den Beutel des Lebens bei Jahwe« ist. Ihr gelingt es, Leben zu schützen, weil sie bereit ist zu teilen, ohne vorher Rechtsansprüche zu klären. Existentielle Zeichen des Lebens und des in diesem Text so häufig beschworenen Friedens sind Nahrung und Segen. Beides kann Abigajil im Übermaß austeilen – um dadurch noch reicher zu werden. Denn belohnt wird ihr dies, so der für unser Gefühl vielleicht etwas patriarchalische Ausgang der Geschichte, durch die Heirat mit David, dem künftigen König Israels.

Ein Psalm Abigajils. In Todesangst:

Rette mich, Jahwe,
dem ganzen Haus stehe zur Seite.
Halt dich nicht fern, verbirg dich nicht, Jahwe.
Sieh doch: Die Feinde nähern sich schon,
sie wollen uns vernichten
und verschonen niemanden.
Umgürte mich mit Kraft,
steh mir bei mit deinem starken Arm.
Sei unsere Hilfe wie von Urzeiten an:
Dornbusch, Licht, Feuersäule.
Verschaffe uns Recht, errette uns, Gott,
sprich durch mich deine Weisungen zum Leben.
Ruhig kann ich werden, wenn ich an dich denke,
mich bergen in deinem Schoß.
Denn du, Jahwe, bist immer bei mir,
du schützt mich wie eine Löwin ihr Junges.
Auf dich vertraue ich,
du bist mir Rettung und Hilfe,
eine feste Burg, die niemals wankt.
Wer auf dich baut, vergeht nicht.

Marlies Mittler-Holzem

MÄRCHENPRINZESSIN – NEIN
2 Samuel 13,1–22

Die Königstochter Tamar eine Märchenprinzessin? Nein – im Gegenteil. Obwohl sie die Tochter Davids ist, ist sie der alltäglichen Gewalt ausgeliefert, als Frau in ihrem nächsten Umfeld bedroht. Obwohl sie eine Frau ist, die einen kühlen Kopf bewahrt und klug argumentiert, wird sie von ihrem Halbbruder vergewaltigt, verstoßen und isoliert. Nichts unterscheidet sie von Frauen, die heute in gewalttätigen Beziehungen leben. Doch, Gott sei Dank, ist Tamars Geschichte nicht wie die so vieler anderer Frauen verschwiegen worden. Was war passiert?

David war König in Jerusalem, sein Reich stabil, das Geschehen bei Hof turbulent. David hatte Batseba mißbraucht und Urija aus dem Weg geschafft. Angesichts dieses Frevels belegte Gott ihn mit einem Fluch: Das Schwert sollte nicht mehr aus seiner Familie weichen. Da fällt der Blick des Chronisten auf Tamar, eine der Töchter Davids. Sie ist gebildet, schön und klug. Als Schwester Abschaloms steht sie im Zentrum der Machtkämpfe um die Thronfolge, die die älteren Davidsöhne Salomon, Abschalom und Amnon untereinander austragen.

Begehrlichkeit und Machthunger wecken in Amnon den Wunsch, Tamar sexuell zu besitzen. Diese Idee setzt er zusammen mit seinem Vetter Jonadab in einen heimtückischen Plan um: Der König selbst soll für ihn kuppeln. So stellt Amnon sich krank, um die Aufmerksamkeit Davids zu gewinnen. Der König besucht ihn tatsächlich und willigt in die Bitte Amnons ein, Tamar, seine Halbschwester, solle kommen und ihn pflegen, sie solle vor seinen Augen die Herzkuchen, das Libidobrot, zubereiten und ihm zu essen geben. Obwohl Amnon recht deutlich wird – die Speise, die Tamar für ihn zubereiten soll, ist im Hebräischen mit körperlicher

Liebe assoziiert – geht David auf den Wunsch seines Sohnes ein. Er befiehlt seinen Knechten, Tamar zum Dienst bei Amnon zu bestellen. David, der Vater und König, kollaboriert mit seinem Sohn, den direkten Kontakt zu seiner Tochter meidet er.

Tamar tut, wie ihr geheißen, sie besucht ihren Bruder und bäckt die verlangten Herzkuchen für ihn. Sie bereitet die Speisen vor seinen Augen zu. Hier inszeniert Amnon ein voyeuristisches Spektakel.

Als das Essen fertig ist und Tamar es Amnon an seinem angeblichen Krankenlager serviert, schickt dieser alle Bediensteten hinaus und weigert sich zu essen, es sei denn, Tamar füttere ihn. So zwingt er Tamar in seine direkte Nähe, packt sie und fordert sie auf, mit ihm zu schlafen. Tamar wehrt sich und versucht mit Amnon zu reden. Sie weist darauf hin, daß Vergewaltigung in Israel als Torheit gilt. Sie denkt an die Folgen! Ja, sie wäre sogar bereit, sich dem Willen von Bruder und Vater zu beugen, wenn eine legitime Beziehung geplant würde. Wie Frauen, die heute mit Gewalt bedroht werden, versucht sie, den Täter zur Vernunft zu bringen. Wie sie ist Tamar gezwungen, mit den Mächtigen zu paktieren. Überleben, das ist ihr nur allzu deutlich, ist nur mit dem Patriarchat möglich.

Aber Tamars Widerstand wird mit Gewalt gebrochen. Amnon überwältigt und vergewaltigt seine Schwester. Allein für seine Befriedigung fügt er ihr Schmerz und Schande zu, er geht über sie hinweg, als wäre sie nichts als ein schönes Stück Fleisch.

Kaum hat er seinen Machthunger und seine Herrschsucht befriedigt, schlägt sein Gefühl für Tamar um, er begehrt sie nicht länger, er haßt sie. Tamar, das Opfer seiner Gewalt, ist nun plötzlich das Objekt seiner Verachtung, das aus dem Weg geräumt werden soll. Blaming the victim, das Opfer beschuldigen, so wird diese Taktik heute genannt, die schon immer zu den wich-

tigsten Verdrängungsmechanismen der
Täter und der Gesellschaft gehört, wenn es
um sexuelle Gewalt geht. Tamar aber ist
noch immer sie selbst, die starke Frau, die
sie war. Sie hat die zerstörerische Attacke
überlebt; Amnon konnte ihre Würde an-
greifen, aber Tamar überläßt sie ihm nicht.
So fordert sie ihren Bruder auf, er solle sie
heiraten, die Beziehung im nachhinein le-
galisieren. Doch Amnon ignoriert sie und
läßt sie von Dienern vor die Tür setzen.
Damit ist für Tamar ein aktives Leben beendet, sie wird aus der Gesellschaft ausge-
schlossen. Ihr bleibt nur, das Unrecht, das
ihr geschehen ist, öffentlich zu machen.
Tamar zerreißt ihre Kleider, streut Asche
auf ihr Haupt und klagt laut ihr Leid: »Mir
ist ein Unrecht geschehen, alle sollen es sehen. Amnon hat sich an mir vergangen, es
ist seine Sünde, die mich befleckt.« Tamars
Worte sind nicht überliefert und es ist
nicht sicher, ob sie sich in ihrem Schmerz
an Gott wandte. Die feministische Exege-
tin Ulrike Bail schlägt jedoch vor, in den

Psalmen 6 und 55 auch die Stimmen von Beterinnen zu hören, die sexuelle Gewalt erfahren haben. So betet Tamar und mit ihr viele Frauen (Ps 55):

Vernimm, o Gott, mein Beten, verbirg dich nicht vor meinem Flehen!
Achte auf mich und erhöre mich!
Unstet schweife ich umher und klage.
Das Geschrei der Feinde macht mich verstört, mir ist angst, weil die Frevler mich bedrängen.
Mir bebt das Herz in der Brust, mich überfielen die Schrecken des Todes.
Furcht und Zittern erfaßten mich, ich schauderte vor Entsetzen.
Da dachte ich, hätte ich doch Flügel wie eine Taube, dann flöge ich davon und käme zur Ruhe.
Weit fort möchte ich fliehen, an einen sicheren Ort möchte ich eilen.
Denn nicht mein Feind beschimpft mich, das würde ich ertragen, nein, du bist es, ein Mensch aus meiner Umgebung, mein Freund, mein Vertrauter, mit dem ich in Freundschaft

verbunden zum Hause Gottes gepilgert bin
inmitten der Menge.
Ich aber, zu Gott will ich rufen, Gott wird mir
helfen.
Der Feind legt Hand an Gottes Freunde,
er entweiht Gottes Bund.
Glatt wie Butter sind seine Reden,
doch in seinem Herzen sinnt er auf Streit;
seine Worte sind wie Öl und sind doch
gezückte Schwerter.
Du aber, Gott, wirst sie hinabstürzen in die
tiefste Grube.
Gewalttätige erreichen nicht die Mitte ihres
Lebens.
Ich aber setze mein Vertrauen auf dich.

Andrea Eickmeier

Literatur:
Ulrike Bail, Gegen das Schweigen klagen. Eine intertextu-
elle Studie zu den Klagepsalmen Ps 6 und Ps 55 und der Erzählung von der Vergewaltigung Tamars, Gütersloh 1998.

BEGEGNUNG
1 Könige 10,1–13

Sie bricht auf ins Ungewisse. Seit der Ruhm von einem weisen König Israels bis nach Saba gelangt ist, findet sie keine Ruhe mehr. Oft schon hat sie mit den Beratern und Weisen des Landes die Fragen erörtert, die sie bewegen, doch deren Antworten haben sie nicht überzeugt. Deshalb verläßt sie das Vertraute, Liebgewonnene und sucht eine Begegnung, die vielleicht ihre Hoffnungen und Erwartungen erfüllen kann.

Das Risiko, das sie für ihre Suche nach Weisheit und Erkenntnis eingeht, ist groß: Sie läßt für unbestimmte Zeit ihr Land und ihr Volk zurück. Ob sie freundlich oder feindlich empfangen wird, weiß sie nicht – für den Freund führt sie Geschenke in ihrem Gepäck: Gold, Edelsteine und Gewürze. Dem Feind könnte sie notdürftig mit Waffen entgegentreten.

Im ersten Buch der Könige ist die Begegnung zwischen der Königin von Saba und Salomo festgehalten. Der Schreiber berichtet jedoch wenig von dem, was uns heute interessiert. Er nennt nicht einmal den Namen der weisheitsliebenden Frau, »Königin von Saba« genügt ihm für seinen Bericht. Wir erfahren nichts über ihr Land, nicht, wie sie ihren sagenhaften Reichtum erworben hat oder welchen Weg sie nahm, um nach Israel zu gelangen. Die Fragen, die sie dem König gestellt hat, bleiben im Dunkeln; ja, sie wird zunächst nur als Neugierige und Zweiflerin dargestellt, die gekommen sei, um Salomo mit Rätselfragen auf die Probe zu stellen. Doch aus der nüchternen Erzählung geht auch hervor, daß es ihr um mehr ging: »Sie trug ihm alles vor, was sie auf dem Herzen hatte.« Dargestellt ist jedoch eine Begegnung zwischen Ungleichen – auf der einen Seite die fragende Frau, auf der anderen der allwissende Mann. Die Chance, einer Gleichgesinnten seine eigenen Anliegen vorzutragen, scheint Salomo nicht ergriffen zu haben. Oder hat es sich bei den Gesprächen vielleicht doch nicht um ein Frage- und Antwortspiel gehandelt, sondern um einen Dialog, der beide erfüllt?

Das Interesse des Verfassers gilt einzig und allein Salomo, dessen Ruhm durch diese Begegnung noch vermehrt wird. Er schildert, wie die Königin angesichts des Reichtums im Königspalast in Entzückung gerät. Alles, von den Speisen bis hin zur Bekleidung der Diener, zeugt von Wohlstand. Und hier scheint es dem Schreiber nun angebracht, die Worte der Königin zu zitieren: »Es ist wirklich wahr, was ich in meinem Lande über dich und deine Weisheit vernommen habe, deine Weisheit und dein Wohlstand übertreffen das Gerücht, das ich vernommen habe. Glückselig deine Frauen, glückselig deine Diener da, die allzeit vor deinem Antlitz stehen und deine Weisheit hören! Gepriesen sei dein Gott, der an dir Wohlgefallen hatte und dich auf den Thron Israels gesetzt hat, daß du Recht und Gerechtigkeit übst.«

Die Geschenke der Königin tragen ebenso zum Ruhm Salomos bei: »Niemals mehr ist eine solche Menge Spezereien eingeführt worden, wie sie die Königin von Saba dem König Salomo geschenkt hat.« Für alle Zeiten soll Salomo als der reichste König gelten, unübertroffen in seinem Besitz an Gold, Edelsteinen und kostbaren Hölzern. Doch gleich, wie beredt sich der Verfasser auch müht, den Reichtum Salomos zu schildern – in den Worten der Königin scheint immer noch durch, daß es ihr zuerst um Weisheit geht, deren Frucht Recht und Gerechtigkeit sind.

Vordergründig scheinen in diesem Bericht die Verhältnisse zu stimmen. Der Herrscher Israels, der Mann, ist der Überlegene, die Königin von Saba steht intellektuell unter ihm. Ihr Besuch wird instrumentalisiert, um den König ins rechte

Licht zu rücken. Mit ihrem Besuch in der Fremde ist sie in die Geschichte eingegangen und hat gleichzeitig ihre eigene Geschichte aus der Hand gegeben. Der Blickwinkel, unter dem die Begegnung von nun an betrachtet wird, ist derjenige Israels. So wird später ein Chronist, der diese Ereignisse nach dem Exil Israels noch einmal erzählt, ihre Worte verändern. Sie preist nun nur noch die Weisheit Salomos, seinen Reichtum erwähnt sie nicht mehr – die Herrlichkeiten alter Zeit sind vorüber (2 Chr 9,6).

Erst aus dem letzten Vers der Erzählung erfahren wir, daß die Überlegenheit des einen doch nicht die ganze Wahrheit dieser Begegnung darstellt: »Der König Salomo aber schenkte der Königin von Saba alles, was ihr gefiel und was sie wünschte, abgesehen von dem, was er von selbst ihr aus königlicher Freigebigkeit schenkte.« Salomo verabschiedet sich von einer Ebenbürtigen, einer Freundin. Im Moment des Abschieds wird auch nach außen deutlich, daß beide Gebende und Empfangende sind, daß es wirklich zu einer Begegnung gekommen ist. So hat sich das Gebet der Königin erfüllt, das sie sprach, als sie zum ersten Mal Jerusalem erblickte:

Freude und Sehnsucht erfüllen mich, wenn ich an den nächsten Schritt denke.
Ich bin voller Erwartungen und fürchte doch die Enttäuschung.
Weisheit, du Zeichen Gottes, du umspannst die Welt von einem Ende zum anderen. Verberge dich nicht vor denen, die dich suchen.
Werden Fragen der Macht zwischen uns stehen? Wird uns mehr trennen als uns verbindet? Werden wir die richtigen Worte finden?
Weisheit, komm und offenbare uns den Weg der Einsicht.
Ich bin aufgebrochen, um Erkenntnis zu suchen. Möge sie die Frucht dieser Begegnung sein.
Weisheit, komm!

Regina Heyder

ZWIEGESPRÄCH I–III
Tobit 3,7–17

I
Sara und Aschmodai, der Verderber

Dämon, zeige dich,
damit ich erkenne, worum es geht!

> Willst du nicht aufgehen im Anderen?
> Dich verlieren in Leidenschaft?
> Totale Hingabe
> schenkt einen Augenblick
> Ewigkeit.
> Verschenke dein Herz!
> Rette ein Du!

Ich bin Sara.
Wie kann ich mich aufgeben?
Willst du sagen,
daß die Männer, die ich wollte, ihr Herz
an mich verloren haben?
Ohne Herz kann niemand leben!

Wer dich will,
wer dein Herz will,
riskiert das seine,
riskiert sein Leben.

Das wollte ich nicht, du Verderber!
Was will ich?
Ganz ich sein – aber einsam!
Den Anderen ganz lassen – aber allein!
Will ich aufgehen im Du?
Soll ich es wagen, mich zu vergessen?
Mich hingeben?
Mich hergeben?

Verschenke dein Herz
und du bist ein Kind dieser Welt,
bist mein!

II
Sara und Jahwe

Gott meiner Mütter,
Gott meiner Väter.
Ich suche dich!

Zeige dich!
Ich will erkennen,
wer ich bin und wer ich war.
Und wie ich die werde,
als die ich berufen wurde im Mutterschoß.

    Ich bin.

Wann bin ich?
Wer kann mir genügen?
Wer kann dir genügen?

    Du unberührtes Ich.
    Du willst dein Herz behalten
    und doch lieben.

Ich sehne mich nach einem Mann,
der mich sein läßt.
Der mir mein Herz beläßt und
der sein Herz behält
und beherzt zu mir kommt.

    Der auch mich kennt.
    Der mich in seinem Herzen kennt.

Der sein Herz füllt mit Liebe
und die Liebe fließen läßt,
so wie ich,
leidenschaftlich und ganz.

Ich bin Sara.
Ich will mich geben.
Er soll mich erkennen.
Ich will mich nicht aufgeben.
Ich will mich im Hingeben finden
und mich hingeben und …

Liebe ihn
mit deinem ganzen Herzen
und du wirst werden
meine Liebe.

III
Und Sara betete:

Gott meiner Mütter, Gott meiner Väter.
Du wandelbare Gottheit,
immer gleich und immer neu.

Ich bin froh, wenn ich spüre,
daß mein Herz schlägt,
voll Sehnsucht nach der Nähe
und Liebe eines Mannes.
Ich bin aufgeregt, wenn ich spüre,
daß mein Herz auch für mich schlägt,
voll Sehnsucht, mich zu begreifen.
Dann bin ich zerrissen und ich suche nach deiner
Gestalt.

Du bist der Grund, auf dem ich stehe.
Du bist mein Herzschlag,
dessen Anruf ich fürchte,
weil du meine Wege durcheinanderbringst.
Zeige dich mir!
Mein Herz will dich erkennen.
Nimm die Zerrissenheit von mir,
damit ich nicht verlorengehe.

Claudia Nietsch-Ochs

ANSICHTSSACHE
Judit 13,4–7

Judit, Schwester, Gott sei Dank. Du hast ihn umgebracht. Wie oft hat er mich vergewaltigt in der Nacht, hergenommen wie ein Stück Vieh, dieser brutale Henker. Kriegsbeute war ich – na und? Mensch bin ich und das zuerst. Jetzt ist er tot, ausradiert, verschwunden von dieser Erde. Jetzt kann ich wieder atmen. Dank sei dir, Judit, du hast ihn ausgelöscht, Judit, Befreierin.

Vater ist tot! Diese Hure aus Israel, dieses jämmerliche Flittchen hat ihn einfach umgebracht; mein Vater, mein starker Vater! Alles konnte ich von ihm haben. Seine Beutezüge, seine Geschenke, das Geschmeide, die Sklavinnen – ausradiert, verschwunden von dieser Erde. Jetzt bin ich schutzlos. Nie mehr sein Lachen, sein Poltern, sein Rufen: Komm Kleines, ich habe dir Schönes mitgebracht. Mich,

mich, seine Jüngste hat er so geliebt. Verflucht seist du, Judit, sein Blut klebt an dir, Judit, Mörderin.

Judit, Herrin, wie mutig du warst. Du hast dich nicht gefürchtet vor dem gewaltigen Heer der Feinde, vor ihren Waffen, ihrer Übermacht. Denn du hast zuerst die Angst in dir selbst besiegt, bevor du es mit ihnen aufnahmst. Deine Kraft, als du Holofernes den Kopf abschlugst! Ausradiert ist er, verschwunden von dieser Erde. Du bist wahrhaft eine große Frau in Israel, Vorbild und Ansporn. Judit, du hast uns gerettet, Judit, Erlöserin.

So manches wird uns jetzt erzählt im nachhinein, ganz schön simpel. Diese bigotte Witwe, ein frömmelndes Weib, dem nichts abgeht. Dauernd liegt sie vor ihrem Gott auf den Knien. Angesehen ist sie, auf dem Podest steht sie, gehört wird sie bei unseren Vorstehern. Ob sie wirklich nichts hatte mit diesem Holofernes, ausra-

diert, verschwunden von dieser Erde? Ist
doch ein Weib aus Fleisch und Blut, noch
ganz hübsch! Judit, du hast ihn böse be-
circt, Judit, du Heuchlerin.

Vieles erzählt man von der Klugheit der
Frauen. Doch du, Judit, übertriffst sie alle!
Von dir hört man Erstaunliches. Wie geschickt du dich durchgemogelt hast durch
die Reihen deiner Widersacher. Du hast
an nichts gespart: Tücke, List, Täuschung,
alles stand dir wie uns Männern auch zu
Gebote. Holofernes ist ausradiert, verschwunden von dieser Erde, verstrickt in
seine Gier, zu Fall gebracht durch dich. Judit, du hast ihn besiegt, Kompliment, Judit, gewaltige Kämpferin.

Judit, sieh einer an! Du hast dich gut gemacht. In dir finde ich kaum noch das
schüchterne Mädchen. Du bist wahrhaftig
herausgewachsen aus den Kinderschuhen.
Du hast dich angeklammert, ausgerichtet,
eingeschleust in Gott. Von ihm kommt

deine Stärke, du weißt es genau. Und jetzt: Holofernes ausradiert, verschwunden von dieser Erde, Friede für dein Volk, Judit, du hast geglaubt, Judit, du Große.

Und Judit betete:

Herr, du Gott aller Macht,
sieh in dieser Stunde gnädig auf das,
was meine Hände zur Verherrlichung
Jerusalems tun werden.
Jetzt ist der Augenblick gekommen,
daß du dich deines Erbbesitzes annimmst,
und daß ich mein Vorhaben ausführe,
zum Verderben der Feinde,
die sich gegen uns erhoben haben.

Mach mich stark,
Herr, du Gott Israels,
am heutigen Tag.

Stefanie Spendel

ESTERS ERINNERUNGEN
Ester 1

Kennt ihr die wahre Geschichte der Königin Waschti, die vor mir mit dem König Artaxerxes verheiratet war, der über 127 Provinzen von Indien bis zum Kusch herrschte?

Wahrscheinlich kennt ihr nur einen Teil davon und auch diesen nur in groben Zügen. Ich will davon berichten, was die Dienerinnen der Waschti wußten, weit mehr als uns die Heiligen Schriften sagen; denn Waschti war mir ein Vorbild an Mut.

Ihr wißt, daß Waschti zur gleichen Zeit wie der König ein Trinkgelage für die Frauen des Hofes gab, aber nicht, wie es sich schickte, im Frauenhaus, sondern in den privaten Gemächern unseres Königs, zu denen Frauen sonst nie Zugang hatten. Schon das war ungeheuerlich! Und sie schenkte schwarzen, schweren Wein aus, der so schwarz war wie ihr Haar. Sie war schön, sehr schön sogar. Irgendwann, als der König und seine engsten Freunde völlig betrunken waren, stritten sie über die Schönheit der Frauen; waren nun die Mederinnen oder die Perserinnen schöner; der übliche Streit unter Männern. Artaxerxes, der immer meinte, das Prunkstück besitzen zu müssen, bestand darauf, daß seine Frau Waschti, eine Chaldäerin, die schönste sei. »Soll ich sie holen lassen?« fragte er mit schwerer Zunge. Die Männer bejahten begeistert, aber nur, wenn die Königin nackt vor ihnen tanzte. Artaxerxes stimmte zu. Waschti aber war eine echte Enkelin des großen Nebukadnezzar und keine von den Dirnen, die Artaxerxes häufig am Hof ihres Großvaters zu solchen Vergnügungen benutzt hatte, als er selbst noch nicht König war. Waschti war ungeheuer zornig und weigerte sich, dem Wunsch des Königs nachzukommen. Sie gehorchte nicht, weil sie eine Königstochter war, der man so etwas nicht antrug, aber sie weigerte sich auch, weil sie keine der prächtigen Stuten, Gemächer oder Gewänder des Königs war, die er als seinen Besitz zur Schau stellte.

Waschti war mutig, aber in diesem Moment nicht klug und weitsichtig, sondern ungehalten. Sie ahnte wohl nicht, wie sehr sie den König der Lächerlichkeit preisgab, der nun wie ein Feigling unter Männern dastand, die es gewohnt waren, daß ihre Frauen das taten, was sie von ihnen verlangten.

Besonders Memuchan, der engste Berater des Artaxerxes, der verheiratet war mit einer sehr reichen persischen Frau, die genau wie Waschti tat, was ihr richtig erschien, sah die rechte sittliche Ordnung des Reiches in höchster Gefahr. Wie schnell, so wisperte er dem König zu, würde sich herumsprechen, daß die Königin dem König nicht gehorchte, und das sei dann Grund genug, daß jede Frau in seinem Reich sich weigere, den Befehlen ihres Mannes zu folgen. Waschti müsse sofort getötet werden, damit die Frauen im

Reich deutlich vor Augen hätten, welches Los sie erwarte, wenn sie ungehorsam seien.

So steht es über Waschti in vielen Büchern und Berichten, das ist bekannt. Die Dienerinnen erzählten mir aber mehr, und es hilft, Waschti besser zu verstehen. So sei ihr die Willkür des Königs ein Dorn im Auge gewesen; nicht nur, daß der König mit ihr und den anderen Nebenfrauen zu jeder Zeit tat, was ihm beliebte. Sie quälte auch die Art und Weise, wie die hohen Beamten bei Hofe mit den Niedriggestellten umgingen; insbesondere mit den Juden, die im Reich ihres Königs in unsagbarer Weise geknechtet wurden. Immer wieder hatte sie das Beispiel meines Pflegevaters Mordechai beeindruckt, der sich schlichtweg weigerte, vor diesem Memucham – eben jenem Hofbeamten, der Waschtis Tod auf dem Gewissen hat – in Ehrfurcht niederzufallen, weil Verehrung allein seinem Gott Jahwe gebühre und nicht irgendeinem Menschen.

Darüber hatte Waschti viele Nächte nachgedacht und auch darüber, wie man den Menschen im Reich, seien es Männer oder Frauen, dazu verhelfen könne, daß sie einander in Würde und Ehrfurcht und nicht in falscher Unterwürfigkeit, die durch Knechtschaft und Qual entsteht, begegnen könnten. Sie wollte mit ihrer mutigen Tat, die mehr aus Wut denn aus Überlegtheit geschah, ein Zeichen setzen, aber sie scheiterte und büßte mit ihrem Leben.

Alles dies erzähle ich nicht aus Überheblichkeit, weil es mir nur nach sorgfältiger Planung gelungen ist, den König von seinem grausamen Erlaß abzubringen, durch den mein Volk abgeschlachtet werden sollte. Ich konnte dies nur tun, weil mir zwei Dinge in jener heiklen Stunde vor der Audienz beim König geholfen haben, in der ich genauso wie Waschti um mein Leben zitterte: Ich mußte nicht auf mich selbst vertrauen, denn ich spürte, daß mein Gott mir Einsicht gab, so daß ich erkannte, was ich sagen und wie ich handeln mußte. Und ich hatte Waschtis Mut und ihre gute Absicht vor Augen: das Schlimme, was Menschen einander antun, durch ein Zeichen abzuwenden, auch wenn sie scheiterte.

Und Ester betete:

Mein Gott, ich danke dir, daß ich im Leben Menschen begegnen durfte, die mich lieben und mir Raum zum Leben gaben. Einen Raum, der so weit und groß ist, daß ich auch am Hof des Königs, im goldenen Käfig der Unfreiheit, Unterdrückung und Prunksucht, diese Weite in jedem Moment gespürt habe. Ich habe erfahren, daß du mich in keiner Sekunde meines Lebens vergessen hast. Besonders in der Stunde der Not hast du mir die rechten Gedanken in meinen Geist und die richtigen Worte in meinen Mund gelegt und mir die Kraft zum rechten Handeln gegeben. Ich konnte meinem Volk helfen und das Schicksal abwenden.

Ich danke dir für Waschti, die mir Mut gegeben hat, denen zu helfen, die keine Stimme haben.

Ich aber durfte die Stimme meines Volkes sein, auch wenn ich nicht wußte, ob ich das gleiche Schicksal erleiden würde wie Waschti. Sie selbst habe ich nie sehen dürfen, aber ich bin froh, daß es Frauen gibt, die ihre Geschichte bewahrt haben. Nie hätte ich sonst den Mut aufgebracht zu tun, was getan werden mußte, nie wäre mir klar geworden, daß ich nicht nur für mich spreche, sondern in meiner Rolle als Königin für viele sprechen muß.

Waschtis Beispiel und dein Segen mögen mich alle Tage meines Lebens begleiten und all jenen Frauen helfen, die für sich selbst nicht sprechen können – welche Gründe auch immer sie dafür haben mögen.

Verena Wodtke-Werner

WIE HAST DU DAS FERTIGGEBRACHT, GOTT?
Ijob 2,9

Ijobs Frau hockt in der Küche und formt Pralinenhäufchen aus Datteln, getrockneten Früchten und Mandelmus. Ab und zu hebt sie mit klebrigen Fingerspitzen ein wenig den Vorhang und wirft einen Blick in den Wohnraum. Hören wir zu, was sie denkt:

Ijob spielt mit seinen Töchtern! Jemima und Kezia sind über ihn hergefallen. Dieses wilde Quietschen und glucksende Lachen am hellichten Tag! Wichtiger als das Verhandeln mit dem Tuchhändler. Wer hätte das gedacht … Er läßt es zu, daß sie ihn kitzeln, bis er japst und um Gnade fleht. Die Kleine versucht derweil mit der Geduld der Zweijährigen, ihm die Sandalen aufzunesteln. Jetzt drückt er Kezias braunes Lockenköpfchen an seine Brust und schließt die Augen. Sein vernarbtes Gesicht wird still ... Ich liebe dich, Ijob. Jetzt liebe ich dich ...

Wo habe ich nur den Silberteller hingestellt? Ah, da ist er ja ...

Wenn ich daran denke, wie er vorher war, mein Ijob, bevor dieses Unglück, dieser Sandsturm von Unglücken, über uns kam. Ein stolzes Mannsbild. Nicht nur wohlhabend und einflußreich, nein, auch noch gerecht, unbestechlich, ein Vater der Armen. Deine Frömmigkeit hatte etwas Protziges, Ijob. Du wußtest Gott auf deiner Seite! Kein Gastmahl deiner Söhne, das du nicht beargwöhnt hättest. – »Vielleicht lästern sie ja Gott, vielleicht tun sie Unrechtes, wenn sie betrunken sind.« – Nach jedem ihrer Feste bist du in aller Frühe aufgestanden, um Brandopfer darzubringen als Entsühnung, falls eines deiner Kinder sich versündigt hätte.

Deine Herden, deine Knechte, deine Kinder, deine Frau – gesund, tüchtig, dir ergeben. Wie es sein sollte, alles, wie es sein sollte. Aber deine Hände waren ohne Andacht, Ijob, und nie habe ich Erschütterung in deinen Augen gesehen, wenn du dich über mich beugtest in der Nacht.

Jemima singt das Lied vom Granatapfelbaum. Die Melodie klingt noch etwas schief und sie verdreht den Text, aber mein Mann verbessert sie nicht. Jetzt fällt er leise mit ein, paßt sich ihrer Kinderstimme an. Ijob, Ijob, dein Hochmut ist wirklich dahin! Und mit ihm meine Bitterkeit gegen dich, mein versteckter Trotz.

Wie hast du das fertiggebracht, Gott? Du mußt Ijob berührt haben, du mußt dich ihm gezeigt haben ... Und als dieses Wunder geschah, daß mein Ijob seine Selbstgerechtigkeit losließ, da hast du auch mich verwandelt. Aber wann war das, wie ist das vor sich gegangen? Es war nicht das Unglück selbst, durch das du ihn berührt hast ...

Wie hast du darauf beharrt, Ijob, daß dein Leid keine Strafe für begangene Sünden sein konnte, denn du warst absolut unschuldig. Gott hatte kein Recht, dir dieses Übermaß an Leid aufzuerlegen!

Oder war da doch schon etwas von dem Neuen, das jetzt aus dir leuchtet? Für deine Freunde war klar: So viel Leid war eine Mahnung zur Umkehr. Nur deine verborgene Schlechtigkeit konnte es hervorgerufen haben. Aber du warst nicht bereit, diese landläufige Deutung anzunehmen. Zum ersten Mal warst du nicht gottergeben, zum ersten Mal nicht vorbildlich. Aus deinem Herzen stieg nackte Verzweiflung und dein Mund schrie eine Klage, die nur noch für die Ohren Gottes bestimmt war. Ijob, zum ersten Mal du selbst, ohne Stütze. Dein Gott war dir ein Fremder geworden, und du hast es nicht überspielt.

War es das, Gott, war es der Moment, in dem du Ijob berührt hast?
Auch mir bist du fremd geworden damals.

Der »Gott, der die Rechtschaffenen segnet mit Wohlergehen und die Frevler zu Fall bringt« löste sich auf – Ijob und ich, wir waren an einem Ort angelangt, der von keiner Sicherheit mehr erleuchtet wurde.

Gott, fremder Gott –
Dann hast du wohl mit Ijob geredet,
denn Ijob klagte nicht mehr.

Er wollte nicht mehr recht behalten
und seinen rechthaberischen Freunden verzieh er.

Wir saßen still und aßen unser Brot gemeinsam. Ijobs Hand suchte meine und unser neues Leben begann.

Wunderbarer Gott,
deinen Namen will ich preisen.

Irmgard Kampmann

EIN OFFENER BRIEF AN SUSANNA
Daniel 13

Mir fiel Deine Geschichte in die Hand, und Bilder meiner eigenen Vergangenheit standen mir plötzlich wieder vor Augen. Ich sah Dich damals durch den Garten Eures Anwesens spazierengehen, bereits verfolgt von den Augen Deiner späteren Bedränger. Zwei älteste Richter waren es bei Dir, die sich zusammentaten, um Dich für ihre sexuellen Wünsche gefügig zu machen.

Auch Dir haben sie heimlich, allein im Gebüsch aufgelauert, gerade als Du Deine Mägde weggeschickt hattest, um im Garten ein Bad zu nehmen. Sie bedrängten Dich. Auf beide solltest Du Dich einlassen – andernfalls wollten sie Dich verleumden und wegen Ehebruchs zum Tode verurteilen lassen. Eine ausweglose Situation für Dich. Auch Du saßest in der Falle, aus der für Dich so oder so kein Entrinnen möglich war. Dennoch, Du konntest Dich entscheiden, Dich lieber zum Tode verurteilen zu lassen als Deiner eigenen Vergewaltigung zuzustimmen.

Hier brechen die Zerrbilder jener Nacht über mich herein, als ich auf dem Nachhauseweg war. Mit brutaler Gewalt wurde ich ins Gebüsch gezerrt, mit eisernem Griff mir der Mund zugehalten. Ich konnte nicht schreien wie Du, Susanna, denn die Kehle wurde mir zugedrückt. Als ich wieder zu mir kam, lag ich mit zerrissenen Kleidern, blutend am Wegrand, mißbraucht und weggeworfen wie ein Stück Dreck. Stumm, der Aufschrei abgewürgt. Zugeschnürt war und blieb meine Kehle.

Weißt Du, Susanna, wievielen Frauen es ähnlich erging wie mir? Ich wende mich an Dich als eine Leidensgenossin, der ich mich anvertrauen kann. Meine Geschichte hat mich stumm gemacht. Wem sollte ich davon erzählen können? Wer würde mich nicht hinterher ansehen – schockiert, mitleidsvoll, hämisch, angeekelt? Wie gut tut es, jetzt all das aussprechen zu können, allmählich das Grauenhafte in Worte zu fassen. Mit Dir als Vertraute schaue ich noch einmal meine Geschichte an, um sie Stück für Stück hinter mir zu lassen.

Du, Susanna, bist dem Tod und Deiner Vergewaltigung entronnen. Du konntest als ehrbare Frau aus Deiner Geschichte hervorgehen. Der junge Prophet Daniel, von Gott als Dein Retter eingesetzt, deckte das Intrigenspiel gegen Dich auf. Deine Bedränger kamen zu Tode. Doch was geschieht mit all den Frauen, denen kein Daniel zu Hilfe eilt und ihnen Gerechtigkeit verschafft? Warum ließ Gott das Verbrechen an mir geschehen?

Du warst mutig, Susanna, und vertrautest felsenfest auf Gott. Doch wieviele Frauen haben diese Wahl? Was hatten muslimische Frauen in den Vergewaltigungslagern Bosniens für eine Alternative? Sollten sie sich selbst umbringen oder hoffen, von ihren Peinigern getötet zu werden, da sterben immer noch besser ist, als so entwürdigt weiterleben zu müssen?

Ich weiß auf diese Fragen keine Antwort. Verstehen kann ich jedoch, wenn das Übermaß an Gewalt und Scham so groß wird, daß Frauen den Tod wählen als die einzige Möglichkeit zu entrinnen.

Du, Susanna, schriest mit lauter Stimme und betetest, als das Todesurteil über Dich verhängt wurde. Du warst kein stummes Opfer, auch wenn Du zuvor zu Deiner eigenen Verteidigung schwiegst, denn Du wußtest genau, daß jedes Deiner Worte an den verblendeten Richtern nur abgeprallt wäre. Gott gegenüber schweigst Du jedoch nicht! An welchen Gott hast Du Dich in dieser Stunde gewandt? An Gott als sorgsame Hüterin allen Lebens, als Schwester aller Leidenden? Zu gerne wüßte ich Deine Antwort.

Dabei muß es doch eine Alternative zum Tod geben! Wie können wir Menschen, wir Frauen so miteinander umgehen, daß

Wunden heilen, daß Tabus abgelegt werden können, daß Wege aus hoffnungslosem Verstummtsein sich auftun?

An Deiner Geschichte, Susanna, beeindruckt mich tief, daß Du nicht bereit warst, Deinen Körper, abgespalten von Dir selbst, preiszugeben. Wieviele Frauen haben nicht den Mut, »nein« zu sagen, haben nicht das Selbstbewußtsein zu spüren: »Mein Körper, das bin ich. Ich darf und muß meine eigenen Grenzen und die des Gegenübers achten.« In wievielen Ehen ist es üblich, daß Frauen ihre eigene Erotik verleugnen oder nie entwickeln, um ihren Mann zufriedenzustellen.

Etwas macht mich an Deiner Geschichte, Susanna, jedoch nachdenklich, ja stutzig. Jojakim, Dein Mann, wo war er? Wo war er, als Du aufschriest im Garten? Wo am Abend dieses Tages? Da steht nur kurz und knapp, daß am folgenden Morgen das Volk und die beiden Ältesten sich bei Deinem Mann Jojakim versammelten. Hat er wirklich nichts zu Deiner Verteidigung gesagt, während Du schwiegst? Warum ist er nicht wütend dazwischengefahren, als Du gezwungen wurdest, Dich zu entschleiern? Sah er zu, als die beiden Ältesten ihre Hände auf Dein Haupt legten? Welch eine Perversion einer Segensgeste! Eine neue Demütigung! Deutlicher hätten sie nicht zeigen können, daß sie meinten, Du lägest ganz in ihrer Hand.

Konntest Du, Susanna, nach Deiner Rettung, mit Jojakim weiterleben, als wäre nichts geschehen? Hat er Dich zufrieden in sein Besitztum wieder eingereiht? Oder wurde er nachdenklich darüber, wie schnell er seine langjährige Frau beinahe dem Tod preisgegeben hätte?

Fandet Ihr Worte und Zeichen füreinander, um allmählich aufzuarbeiten, was geschehen war? Vergessen ist wohl niemals möglich. War es möglich zu verzeihen?

Trotz aller Demütigung ließest Du Deinen Blick nicht gewaltsam zu Boden drücken, Susanna. Nein, Du schautest weinend zum Himmel auf!

Du warst sicher, daß Gott Dich sieht in Deiner Lage, daß er hinter alle Intrigen und Machenschaften schaut und Dich als die Frau sieht, die Du bist. Mir, Susanna, fiel es schwer, nach jener Nacht überhaupt noch etwas glauben zu können. Erst ganz allmählich begann ich tastend zu begreifen, daß Gott – sie – er – auf Seiten der Gepeinigten und Mißhandelten mitleidet. Gott als Leidensgenossin?

Susanna, als sie Dich unschuldig zum Tod verurteilten, brachst Du Dein Schweigen, um zu beten.

Mit lauter Stimme riefst Du:

Ewiger Gott, der das Verborgene kennt und alles weiß, noch bevor es geschieht: Du weißt, daß sie falsches Zeugnis wider mich abgelegt haben. Siehe, ich muß sterben, obwohl ich nichts von dem getan, was diese an Bösem wider mich erdichtet haben.

Gott, du allein kennst das Grauen jener Nacht,
du allein die Abgründe, in die Mädchen und
Frauen durch sexuelle Gewalt gestoßen werden.

Wage ich weiter zu beten?

Monika Kaudewitz

WER IST DIESER GALILÄER?
Matthäus 27,19

Die Dienerinnen werfen sich verstohlene Blicke zu. Schlecht sieht sie aus, die Herrin. Das wird heute sicher wieder ein unangenehmer Tag werden mit ihr. Sie spricht nicht einmal. Hadert sie wieder mit ihrem Schicksal? Hat sie sich wieder die halbe Nacht mit trüben Gedanken herumgeschlagen und gefragt, warum sie ihr Leben in der Provinz fristen muß, ausgerechnet sie, der doch einst alle Türen offen standen, um die so viele Männer sich bemühten, die heute in Rang und Ansehen stehen?

Rocar war schon bei ihr, als die Herrschaften noch in Rom lebten. Ehrerbietig nähert sie sich ihrer Herrin. Wie jeden Morgen will sie die Anweisungen für den Tag entgegennehmen. Doch noch immer spricht die Herrin nicht. Unverändert sitzt sie da. Ihr Blick ist auf die Galerie ihrer Schminktöpfchen gerichtet und scheint doch ins Leere zu gehen. »Setz dich«, sagt eine unerwartet tonlose Stimme, eine Stimme, der man es nicht anhört, daß sie gewohnt ist zu befehlen. Wieder ist es still. Nach einer Weile wendet die Frau sich der Dienerin zu: »Hast du schon einmal geträumt?« Rocar weiß nicht, was sie darauf sagen soll, natürlich hat sie schon geträumt. »Aber ja, schon oft«, antwortet sie unbefangen und ihr Gesichtsausdruck fügt hinzu, »was soll daran Besonderes sein?« Die Herrin schüttelt matt den Kopf. »Das meine ich nicht, Rocar«, erwidert sie, und obwohl sie die Frau des Statthalters ist, kommt in ihre Stimme nun ein ungewohnt weicher, fast vertraulicher Ton. »Ich meine, hast du schon einmal geträumt und dabei gespürt, daß du in die Zukunft schautest, in eine schlimme Zukunft?« Rocar ist sprachlos, sie weiß nun noch weniger, was sie antworten soll. Mit offenem Mund starrt sie der Herrin ins Gesicht.

Die Herrin will und muß jetzt reden, um das abzuwerfen, was sie bedrückt. »Ich hatte heute nacht einen schrecklichen Traum. Er wollte nicht enden. Immer wieder hörte ich diese Stimme und immer wieder kamen diese Bilder. Gestern haben die Juden einen Galiläer an die Obrigkeit ausgeliefert, von dem sie meinen, er habe den Tod verdient. Dein Herr soll heute über ihn zu Gericht sitzen, und man erwartet von ihm das Todesurteil. Aber ich weiß, daß dieser Mann unschuldig ist! Er darf nicht sterben. Du kennst deinen Herrn ja, was brauche ich dir noch zu sagen? Ich kümmere mich ansonsten nicht um seine Arbeit. Er hat nie auf mich gehört, auch früher nicht, damals, als mein Rat uns alle vor seinen unglücklichen Entscheidungen hätte bewahren können. Wir könnten heute an ganz anderer Stelle sein. Aber was soll das! Vergangen ist vergangen. Was uns bleibt, ist die Zukunft. Sie müssen wir retten. In ihr bleibt noch Hoffnung. Aber welche Rolle spielt dieser

Galiläer dabei?« Rocars Herrin erhebt sich und wandert unruhig im Zimmer auf und ab. Draußen beginnt sich die Straße zu beleben. Lärm und Staub dringen durch das Fenster herein.

Rocar sitzt da und rührt sich nicht. Dieser Galiläer – sie hat schon öfter von ihm gehört. Während der vergangenen Wochen sprachen die Leute auf dem Markt häufig über ihn. Jeder wollte seine Meinung zum Besten geben, und die Dispute verliefen zum Teil recht heftig. Nicht alles konnte sie verstehen, denn auch sie war eine Fremde hier. Und außerdem: Was sollte sie, die Thrakerin, sich auch um jüdische Streitereien kümmern. – Aber soviel hatte sie doch mitbekommen, daß um diesen Menschen, der mit Frauen und Männern herumzog und predigte, etwas Besonderes war. Von seinen Reden hatte sie zwar keine gehört, wie sollte sie auch, sie hatte doch jeden Tag von früh bis spät zu tun! Aber einmal war sie ihm und seiner Schar auf der Straße begegnet. Sie hatte Duftöl kaufen wollen für ihre Herrin, und da hatten sie sich gegenübergestanden. Ganz nah war er ihr gewesen. Einen Augenblick nur hatte diese Begegnung gedauert und doch wollte sie ihr tagelang nicht aus dem Kopf gehen. Sein Blick war merkwürdig gewesen, so sanft und doch so durchdringend. Kein Wunder, daß die einen ihn für einen Propheten hielten und ihm huldigten, während die anderen sich über ihn erzürnten und forderten, man solle ihn steinigen.

»Ich muß es ihm sagen. Ich muß ihn davon abhalten. Diesmal muß er auf mich hören. Er darf dieses Urteil nicht aussprechen. Er darf es nicht tun.« Die Stimme ihrer Herrin reißt Rocar aus ihren Gedanken. Die Herrin will das Urteil verhindern, das heute ansteht. »Aber, das ist doch ganz unmöglich«, will die Dienerin noch entgegnen, doch da packt die Herrin sie an den Schultern, rüttelt sie. »Geh zu deinem Herrn, hörst du! Geh zu Pilatus! Sag ihm, daß er die Finger von diesem Mann lassen soll. Der Galiläer ist unschuldig, er hat nichts getan, wofür er den Tod verdiente. Ich hatte seinetwegen heute nacht diesen schrecklichen Traum, sag das dem Statthalter! Er darf das Todesurteil nicht sprechen. Er darf es nicht tun. Sag ihm, er soll diesen Jesus laufen lassen. Sonst ist alles aus. Steh auf, Rocar, beeil dich, noch ist es nicht zu spät, noch besteht Hoffnung!«

Die Dienerin hat verstanden, was ihr aufgetragen ist, aber sie zögert immer noch. Sie soll das Urteil des Statthalters beeinflussen, sie, die thrakische Magd? Werden böse Träume Argumente für ihn sein? Wird er, der sich so gern als den starken Mann Jerusalems feiern läßt, es dulden, daß eine Frau ihm in seine Amtsgeschäfte hineinredet? Rocar ist schon lange in seinem Haus, sie kennt Pilatus gut. Sie weiß, wie sehr er darauf bedacht ist, immer auf der richtigen Seite zu stehen. Die Vorstellung, er würde es wagen, sich unbeliebt zu machen, er würde es riskieren, den Interessen der führenden Juden entgegenzutreten, dies hält sie für aussichtslos.

»Lauf, Rocar, lauf, als ginge es um dein Leben!« Mit diesen Worten drängt die Herrin sie zur Tür. »Um dein Leben« – diese Worte klingen der Dienerin im Ohr. In Gedanken sieht sie den Galiläer noch einmal vor sich, diesen merkwürdigen Mann, diesen Todgeweihten. Sie weiß, daß sein Leben nun von ihr abhängen kann und stolpert los, fällt anfangs mehr als sie läuft. Schon hat sie das Tor des Palastes erreicht und stürzt die Straße entlang. Menschen begegnen ihr, Rocar sieht sie nicht. Man ruft sie, aber sie nimmt es nicht wahr. Es gibt nur noch das eine Ziel: zum Gerichtsgebäude zu Pilatus. Sie darf nicht zu spät kommen.

Das Klappern von Rocars Sandalen ist das letzte, was die Frau des Statthalters hört, bevor sie sich niederläßt auf den Boden

mit seinen prächtigen Mosaiken, ihr Gesicht auf ihre Hände stützt und betet:

Wer bist du, daß du zu mir sprichst,
und wer bin ich, daß du an mich denkst
und mich rufst?
Warum bin ich dir so wichtig?
Du wendest dich mir zu und öffnest mir die
Augen.
Du zeigst mir, wo meine Aufgabe liegt.
Ich bin nicht lebendig begraben in diesem
ungeliebten Land.
Noch habe ich Möglichkeiten, noch kann ich
etwas tun, kann Dinge verändern.
Aber welche Rolle spielt dieser Galiläer dabei?

Diese dunkle Zukunft, die ich geschaut habe,
ich will sie nicht, nimm sie weg von mir,
ich bitte dich!
Sieh auf mich in meiner Schwäche,
hab Nachsicht mit meiner Eitelkeit, meiner Gier
nach schönen Dingen!
Ich weiß, wie unnütz und leer mein Weg bisher
war.

Ich habe mich dem Leben verweigert,
und das Leben hat sich mir verweigert.
Ich will kein leeres Leben, sondern ein erfülltes.
Aber welche Rolle spielt dieser Galiläer dabei?

Eröffne mir eine andere Zukunft, und ich will ja
sagen zu ihr.
Laß mich leben, laß mich sehen, was ich tun
kann.
Laß mich erfahren, wo man mich braucht.
Laß mich verstehen, was mich entfremdet, mich
fernhält von dir.
Gib mir die Kraft, einzustehen für das, was mir
wichtig ist.
Wecke das Starke in mir und mache mich stark.
Du hast mich gepackt und läßt mich nicht los. –
So führe du mich fortan!
Aber welche Rolle spielt dieser Galiläer dabei?

Regina Radlbeck-Ossmann

DIE FRAU,
DIE PETRUS ZIEHEN LIESS
Markus 1,29–31

Es war eine jener Hochzeiten gewesen, über die die Frauen in Kafarnaum oft und gern redeten, besonders an den langen Sommerabenden, wenn der Wind vom See her Kühlung brachte und die Männer mit ihren Booten hinausgefahren waren: die Hochzeit zwischen Simon und Rebecca. Es soll eine Liebesheirat gewesen sein. Eine Seltenheit. Weshalb sonst hätte Rebecca wohl den Mann aus der anderen Stadt geheiratet, den Mann aus Betsaida (Joh 1,44)? Reich war er nicht, ein einfacher Fischer, und die gab es in Kafarnaum wahrlich genug. Aber sie hatte sich Simon in den Kopf gesetzt. Sein leidenschaftliches Temperament gefiel ihr, seine leuchtenden Augen, sein weites Herz. Obwohl er manchmal den Mund arg voll nahm. Eine Schwäche, die er auch später, als er der große Petrus war, nie ganz ablegte. Und auch er war Feuer und Flamme für Rebecca, verließ für sie seine Heimat, um in das Elternhaus seiner jungen Frau nach Kafarnaum zu ziehen.

Manche Frauen beneideten Rebecca, bis eines Tages alles ganz anders wurde. Es war der Tag, an dem Jesus Simon in seine Nachfolge rief und dieser seine Netze einfach fallen ließ, um ihm kreuz und quer durch Galiläa zu folgen. Alle waren fassungslos.

Rebecca: Es war wie ein Dolchstoß mitten ins Herz, der Schmerz, daß meinem Mann etwas wichtiger sein konnte als die Kinder und ich. Im Dorf wurde getuschelt, man stellte neugierige Fragen, warf mir mitleidige Blicke zu. Das schlimmste aber war die andrängende Einsamkeit: Simon war ein anderer geworden, war mit seinem Fühlen und Denken weit weg, weg von mir.

Eines Tages kehrte Jesus bei Rebecca und Simon ein. Ihre Mutter lag krank im Bett und fieberte stark. Obwohl Rebecca um Jesu Heilkräfte wußte, erzählte sie ihm nur beiläufig davon. Er ging sofort ins Obergemach, nahm die Kranke bei der Hand und richtete sie auf. Augenblicklich war sie gesund. Und was tat sie? Sie stürzte nach unten und bediente die Gäste, wie das ihre Art war. Die Nachricht von der Heilung aber verbreitete sich wie ein Lauffeuer. Die ganze Stadt war auf den Beinen. Und Jesus heilte und erzählte vom Reich Gottes.

Rebecca: Als die Menschenmenge sich endlich zerstreut hatte, war Jesus sichtlich müde. Ich räumte leise das Geschirr weg. Meine Mutter und ich hatten nämlich für die wartenden Menschen kübelweise roten Tee gekocht. »Ich möchte zum See hinunter gehen«, sagte Jesus schließlich. Da folgte ich ihm, obwohl sich das für eine Frau nicht schickt. Aber es ging eine Macht von ihm aus, eine Kraft, der wohl auch Simon gefolgt war. Am nächtlichen Ufer setzten wir uns nieder. Jesus ließ langsam Wasser durch seine Finger rinnen, sah versonnen vor sich hin und sagte schließlich: »Rebecca.« Da erzählte ich ihm von meinen einsamen Nächten und von den mitleidigen Blicken, die so weh taten und daß ich nicht, wie einige Witwen und wohlhabende Frauen, ihm einfach nachfolgen könne. Die Kinder waren doch noch so klein.

Damals ahnte Rebecca nicht, daß sie ihren Mann Jahre später auf seinen Missionsreisen begleiten sollte (1 Kor 9,5), als Nachfolgerin Christi quer durch die damalige Welt.

Rebecca: Jesus sagte damals: »Du kannst mir auch in Kafarnaum nachfolgen, wenn du Gott, unseren Vater im Himmel, liebst und ihn im Gesicht deiner Nächsten zu entdecken suchst. Und was noch schwerer ist: Wenn du dich rückhaltlos lieben läßt von ihm.« Dann lehrte er mich das Vaterunser und lehrte mich, in der Einsamkeit der Natur – am Ufer des Sees oder in den Bergen – der Stimme Gottes zu lauschen. Und ich erkannte, daß mir Gott schon oft in meinem Leben begegnet war, seine Liebe mich umfangen hatte. Aber ich war vor seiner Nähe und Berührung geflohen, wie die meisten Menschen, die sich bei aller Sehnsucht davor fürchten, von Gottes Liebe überwältigt zu werden, sich darin wie in einem reißenden Fluß zu verlieren.

Jesus ging bei Rebecca und Simon ein und aus. Wenn er, der heimatlose Wanderer, irgendwo ein Heim hatte, dann in Rebeccas Haus am See. Hier hörte man ihn durch die offene Tür unbekümmert lachen, hier war er zu Gast, wenn er erschöpft oder bekümmert war, weil ihn seine Familie nicht verstand.

Rebecca: Aber warum nur hat man mich verschwiegen? Warum mußte meine

Mutter erst vom Fieber geschüttelt werden, damit sie und indirekt ich überhaupt eine Erwähnung wert waren? Unsere Namen sind verschollen bis heute. Vielleicht heiße ich ja gar nicht Rebecca, und vielleicht habe ich an jenem Tag nicht Tee, sondern Wein ausgeschenkt. In jedem Fall aber bin ich die Frau, die Petrus ziehen ließ aus Liebe zu ihm und dem göttlichen Geheimnis, das in Jesus Christus Mensch wurde.

Und Rebecca, die Frau des Petrus, betete:

Vater im Himmel,
obwohl selbst noch ein Suchender, lehrte mich dein Sohn, dich zu finden am Ufer des Sees, im Lachen meiner Kinder, im Begehren meines Mannes, im Trubel der zahllosen Gäste, in der Stille der nächtlichen Küche. Selbst in den Tränen meiner Einsamkeit, inmitten meiner bohrenden Fragen, warst du da und legtest deine Hand auf mich.

So suchte mich nicht die Verbitterung heim, die Enttäuschung, die zurückgehaltene Wut, die so viele Frauen peinigt, die ihre Träume und Sehnsüchte immer wieder begraben müssen, ihr ungelebtes Leben. Denn du hast mir durch die Erfahrung deiner Liebe den Mut geschenkt, meiner Sehnsucht zu folgen: ohne auf das Getuschel am Brunnen zu achten, ohne mich lähmen zu lassen von der Anmaßung derer, denen ich nichts war als ein Anhängsel des Petrus.

So blicke ich heute zurück auf ein bewegtes, erfülltes Leben, das ungeahnte Wege ging. Schenke allen Frauen die Kraft, ihren eigenen Weg zu gehen und dabei deiner liebenden Führung zu vertrauen.

Silvia Becker

HANNAS SCHWESTER
Lukas 1,5–25, 1 Samuel 2,1–9

Elisabet empfing einen Sohn und lebte fünf
Monate lang zurückgezogen (Lk 1,24).

In dieser Zeit, in der das Wunder, das der
Herr an ihr vollbracht hatte, in ihr wuchs
und Gestalt annahm, bedachte sie die Geschichte ihres Volkes, ihrer Mütter und
Schwestern. Das half ihr zu verstehen, was
Gott an ihr getan hatte. Elisabet fügte alles
in ihrem Herzen zusammen und erkannte:
Ja, der Herr hat mir geholfen! Er hat gnädig auf mich geschaut und hat mich von
der Schande befreit, mit der ich in den Augen der Menschen beladen war (Lk 1,25).
Und mehr noch:

Sara war ich, die Unfruchtbare, bis ins hohe
Alter kinderlos. Die Frau des Abraham,
der mich als seine Frau verleugnete vor
dem Pharao, vor Abimelech, und für den

doch in meinem Sohn Isaak die Verheißung wahr wurde, Stammvater eines großen Volkes zu werden. Ungläubig vernahm ich die Botschaft der Gottesgesandten, ich solle einen Sohn gebären; denn längst war ich über die Zeit hinaus, zu der Frauen noch empfangen. Gelacht habe ich, als mir dies bedeutet wurde, verhalten und still in mich hinein, schwankend zwischen dem scheinbar Unmöglichen und dem Wunsch, es möge dennoch geschehen und Gott möge mich von der Schande befreien, die in den Augen der Menschen auf mir lastete. Und so geschah es: Wie die Gottesgesandten gesagt hatten, wurde ich noch im hohen Alter schwanger und gebar Isaak.

Hanna war ich, geliebt von meinem Mann Elkana, aber kinderlos und deshalb verachtet von den anderen Frauen. Umgeben von Söhnen und Töchtern hatten sie nur mitleidige Blicke und heimliche Reden für die Kinderlose übrig. Kränkend war dies, und auch die Liebe Elkanas konnte die Wunde nicht schließen, die in meiner Seele brannte. Verzweifelt war ich, und weinend und flehend brachte ich meinen Kummer und mein Elend vor den Herrn. Vor ihm schüttete ich mein Herz aus: Schau doch gnädig auf die Niedrigkeit deiner Magd. Habe du Mitleid mit mir! Befreie mich von der Schande, die in den Augen der Menschen auf mir lastet! Und so geschah es: Der Herr hat an mich gedacht. Ich wurde schwanger und brachte Samuel zur Welt, den Sohn, den ich von Gott erbeten hatte.

Ja, ich war Sara und ich war Hanna. Ihre Geschichten sind in mir lebendig, die Hilfe, die Gott ihnen gewährt hat, läßt er auch mir zuteil werden: Gegen alle Hoffnung, die Menschen noch hegen konnten, hilft er mir, wie er meiner Mutter Sara, meiner Schwester Hanna in der Geschichte meines Volkes geholfen hat.

Elisabet bin ich, Tochter aus dem Geschlecht Aarons, Frau des Zacharias, aber mehr noch Tochter Saras, Schwester Hannas: Mit Zacharias lebte ich nach den Geboten Gottes, und doch blieb mir der Kindersegen versagt. All mein Beten blieb unerhört, alles Klagen und Flehen verhallte. Ich hatte mich in mein Geschick gefügt und gelernt, mit der Schande zu leben, die in den Augen der Menschen auf mir lastete. Ich war schon in die Jahre gekommen, als Zacharias beim Tempeldienst die Botschaft des Engels empfing: *Deine Frau Elisabet wird einen Sohn gebären* (Lk 1,13). Zu unwahrscheinlich erschien diese Verheißung; auch Zacharias konnte sie nicht glauben, kein Wort mehr kommt seither über seine Lippen. Und doch: Als er vom Tempeldienst nach Hause zurückgekehrt war, geschah das Unerwartete: Ich, die alt gewordene, verblühte, unfruchtbare Frau, bin schwanger geworden. Zurückgezogen, nur in der Gesellschaft des verstummten Zacharias, lebe ich in einer bangen Freude auf das Kind, auf den Sohn, der uns angekündigt ist: Johannes, in dem Gott mich befreit von meinem Elend.

Meine Mutter Sara, meine Schwester Hanna, ihr seid von neuem in mir lebendig geworden! Eure Geschichte ist auch meine Geschichte: Gott hat in uns seine großen Taten vollbracht und uns befreit.

Und Elisabet betete:

Mein Herz ist voll Freude über den Herrn,
große Kraft gibt mir mein Gott.
Ich frohlocke über meine Feinde,
deine Hilfe ist meine Freude.
Der Herr allein ist heilig,
keiner ist ein Fels wie unser Gott.
Die Frau, die unfruchtbar war, bekommt sieben Kinder,
die Mutter vieler Kinder aber welkt dahin.
Der Herr gibt Tod und gibt Leben,
er führt zu den Toten hinab und führt auch herauf.

Der Herr macht arm und macht reich,
er erniedrigt, und er erhöht.
Die Geringe erhebt er aus dem Staub,
die Arme holt er aus der Asche heraus.
Bei den Vornehmen läßt er sie sitzen
und gibt ihr den Ehrenplatz.
Dem Herrn gehören die Pfeiler der Erde,
auf sie hat er den Erdkreis gegründet.
Er behütet die Schritte der Frommen,
doch die Bösen verstummen in der Finsternis;
denn kein Mensch ist stark aus eigener Kraft.

Marianne Heimbach-Steins

VERHEISSUNG
Lukas 1,46–56

Gedanken auf dem Heimweg:
Etwas Großes ist geschehen, Gott, du hast Großes an mir getan. Noch immer und wohl immer unbegreiflich, daß ich selbst den Zusammenhang der Worte gefunden habe, daß ich hineingewachsen bin in das Wort, das Leben ist: Nur eines konnte ich da tun, dich, Gott, preisen wie nie: Magnificat. Ein Wunder ist geschehen, das Wunder, das du bist … Und dabei: Vor drei Monaten bin ich fast geflohen, so verwirrt wie ich war. Aufgebrochen bin ich aus meiner kleinen Welt, in die die Größe Gottes eingebrochen ist. Ich, das Mädchen aus Nazaret: die Gebenedeite? Der Herr mit mir? Was für Worte?! Unbegreiflich das Wort, das gesagt worden ist: »Der Heilige Geist wird über dich kommen, und die Kraft des Höchsten wird dich überschatten. Deshalb wird auch das Kind hei-

lig und Sohn Gottes genannt werden.«
Unbegreiflich und zusammenhanglos die
Worte, weil aus jedem bisherigen Zusam-
menhang gerissen.

Warum ich geflohen bin: vor der Enge der
Stadt, die nicht verstehen wird – für wen
werden sie mich halten, das junge Mädchen, schwanger, in Schande gefallen? Das
große Wort werden sie klein machen. Atmen konnte ich nicht mehr, die Worte
verwirrten mich, verwirrten sich, sie verschlossen meinen Mund. Und doch blieb
mein Herz berührt von einem Anderen.
Der Aufruhr wuchs. Dann bin ich gelau-
fen, hinein in das Bergland nach Judäa, ein
vertrauter Weg zur Base Elisabet. Ach, Elisabet. Der Weg damals schien zusammenhanglos wie die Worte, die ich hörte. Immer wieder gingen sie mir durch den Sinn,
doch wie sie zusammensetzen? – Heute,
drei Monate später, liegt ein neues Licht
auf dem Weg. Ich habe mich verändert.
Der Aufbruch damals, auch in seiner Hast

und Verwirrung, seinem Dunkel, war der Beginn einer Veränderung, ein Aufbruch in die Freiheit: »Maria, fürchte dich nicht.« Ein Aufbruch in die Freiheit, die Leben bedeutet. Ich bin in das Wort hineingewachsen, es wächst in mir, die vielen Worte haben sich zusammengesetzt.

Der Weg damals: Ich hatte kein Auge für die Schönheit der Landschaft, keinen Sinn für den Duft des Lebens, der aus den Sträuchern am Wegrand emporstieg, der die Wanderin mit Lebendigkeit einhüllt. Zerstückelt schien mir alles, zerstückelt, wie ich selbst war. Die Worte hatte ich gehört und doch nicht gehört. Warum ich »ja« sagte, ich weiß es nicht, es geschah mit mir. Aber es war, als hätten mich die Flügel eines Engels gestreift, ein plötzliches Leuchten an meinem Himmel. Als ob sich in dieser Zeit eine neue Geschichte auftat: hier die Stadt mit ihren Alltagssorgen, ihrem eintönigen Lebensrhythmus, die Welt der »kleinen Leute«, Frauen und Männer, und ich eine der jungen Frauen, die vor der Zeit ein Kind erwarten. Hier: Enge, Kleinmut, Verwirrung; dort: ein offener Raum, voll des Neuen, voller Zukunft und Verheißung. Und vor allem: gefüllt von deinem Wort der Befreiung und des Erbarmens. – Ich hatte »ja« gesagt, auch wenn ich nicht wußte warum. Dann mußte ich gehen. Heute gehe ich wieder, doch ist mir, als ob die alten Spuren mit Sinn gefüllt werden und sich die Worte von damals zusammensetzen. Das Ja, das mich auf den Weg schickte, ist zu einem gefüllten und erfüllenden Ja geworden. Wie leicht der Schritt ist, getragen von diesem Ja, dem meinen und mehr als meinem: dem Ja des Lebens Gottes, seiner Zusage. Der Zusammenhang der Worte – nicht ich selbst habe ihn gefunden …

Dir möchte ich danken, Gott, du hast auf die Niedrigkeit deiner Magd geschaut, von nun an preisen mich selig alle Geschlechter, Frauen, Männer, Kinder,

Greise. Wenn ich an die Tage, die Wochen bei Elisabet und Zacharias denke: eine Zeit der Gnade. Ich konnte das Wort finden, weil ich vom Wort gefunden worden bin. Ich hatte in meiner Not und Verwirrung gewußt, zu Elisabet kannst du gehen. Mit ihr selbst geschieht etwas Großes, sie ist trotz ihres Alters schwanger geworden, ein Wunder, alle sagen es. Die Tage und Wochen dort haben mich den Zusammenhang der Worte, den Zusammenhang des Lebens finden lassen. Wir haben die Schriften gelesen, wir sind am Sabbat in das Bethaus gegangen, wir haben die Armen der Gemeinde aufgesucht, wir waren bei den Witwen und Waisen. Und immer wieder die Schriften, die Geschichten unserer Väter, unserer Mütter, Sara, Rebekka, Lea und Rahel. Wie oft hat Elisabet mit mir das Gebet der großen Hanna gesprochen. »Der Herr macht arm und macht reich, er erniedrigt, und er erhöht. Den Schwachen hebt er empor aus dem Staub und erhöht den Armen, der im

Schmutz liegt« (1 Sam 2,7–8). Ja, auch unser Herz war voll Freude über den Herrn, seine große Kraft war mit uns (1 Sam 2,1).

Wir sprachen über uns, unseren Alltag, über das Kind, das in Elisabets Leib wächst, und das mir auf so unbegreifliche Weise verheißene Kind, wir tasteten uns heran an das, was es heißt, Mutter zu sein, an all das Neue, das in unser Leben einzubrechen begann. Und in all unser Reden war die Geschichte Gottes hineinverwoben, die Geschichte unseres Volkes, die Geschichte der Verheißung. Unmerklich führten uns unsere Gespräche immer wieder neu hinein in das Wort, das uns beten läßt. Meine Geschichte, das ist auch Gottes Geschichte. Ich bin Maria, das junge Mädchen aus Nazaret, meine Geschichte ist wie die meiner Bekannten und Freundinnen alltäglich, ein Leben nicht auf der Seite der Mächtigen und Reichen, ein Leben, das sich durch die Mühsal, die Arbeit, oft den

Kampf des Alltags seinen Weg bahnt. Aber da bist du, Gott, da machst du dich kund.

In diesen Monaten bin ich hineingewachsen in das Ja, ich spüre es, in mir, im Wachsen des Lebens. Das Wort wächst mit dem Kind in mir, es wächst in dem Wort, das mir gesagt worden ist und zu dem ich selbst gefunden habe. Groß bist du, Gott, ich preise dich, groß preise ich dich, du, mein Erbarmer. Das Wort der Verheißung ist wie eingebrannt auf meiner Stirn, in meinem Herzen. Es wird mich nicht verlassen, und ich werde es wahren, wenn ich dem Leben Raum gebe. Die Gemeinschaft mit Elisabet, meiner Mutter und Vertrauten im Glauben, hat mir den neuen Horizont erschlossen … Ob es mir noch einfällt, das Wort des Preises, das sich gelöst hat in der Gegenwart von Elisabet? In ihrem Gruß bin ich zum Leben erwacht. Die Worte haben ihren Zusammenhang gefunden in der Freude des Lebens, das von ihr selbst ausging. So ist in diesem

Gruß mein Wort geboren worden im Wort der Liebe, des Lebens, im Wort Gottes. Und ich habe gewußt: Die Zukunft der Verheißung ist in mich eingebrochen, eingebrochen in die Welt, und das Heil unserer Väter und Mütter steht uns neu zur Seite. Auch das Kind hat die reine Freude des Grußes gespürt, in der Tiefe des Leibes, dort wo allein wirkliches Erbarmen wachsen kann: Und ich konnte sprechen zu Gott, meinem Befreier, unserem Erbarmer:

Meine Seele preist die Größe des Herrn, und mein Geist jubelt über Gott, meinen Retter. Denn auf die Niedrigkeit seiner Magd hat er geschaut. Siehe, von nun an preisen mich selig alle Geschlechter.
Denn der Mächtige hat Großes an mir getan, und sein Name ist heilig.
Er erbarmt sich von Geschlecht zu Geschlecht über alle, die ihn fürchten.
Er vollbringt mit seinem Arm machtvolle Taten:
Er zerstreut, die im Herzen voll Hochmut sind;

er stürzt die Mächtigen vom Thron und erhöht
die Niedrigen.
Die Hungernden beschenkt er mit seinen
Gaben und läßt die Reichen leer ausgehen.
Er nimmt sich seines Knechtes Israel an und
denkt an sein Erbarmen,
das er unsern Vätern und Müttern verheißen
hat,
Abraham und Sara, Isaak und Rebekka, Jakob,
Lea und Rahel und ihren Nachkommen auf
ewig.

Margit Eckholt

DAS HEIL GESEHEN
Lukas 2,36–38

Hanna trägt einen Namen, der frohmachende Botschaft ist: Gott neigt sich uns zu; er nimmt uns an; er achtet auf uns; er selbst ist Gnade und Barmherzigkeit.

Wer mag Hanna diesen Namen gegeben haben? In Israel haben die Mütter ihre Kinder bei ihren Namen gerufen. Hannas Mutter hat einen Namen für ihre Tochter gewählt, der ihrer Glaubensgemeinschaft sehr vertraut ist: Hanna hieß auch die Mutter des Samuel und die Frau des Tobit, die Mutter des Tobias, gottesfürchtig und tatkräftig waren diese Frauen.

Vierzehn Jahre hat Hanna im Haus ihres Vaters und ihrer Mutter gelebt. Sie war ein stilles und aufmerksames Kind. Sie achtete auf das, was um sie herum geschah. Wißbegierig war sie; sie las in den Heiligen Schriften. Sie glaubte der Verheißung, Gott werde Israel erlösen und vollenden.

Alles wird gut werden. An dieser Hoffnung hielt sie fest.

Dann begegnete sie ihrem Geliebten. Kurze Zeit nur – sieben Jahre – lebten sie miteinander. Als er starb, war sie noch eine junge Frau. Sie bewahrte sein Gedächtnis in ihrem Herzen. Er hatte sie geachtet, sie erkannt in ihrer Eigenart. Sie war eine schweigsame, eine besondere Frau.

Lange dauerte die Zeit der Trauer. Niemand konnte an die Stelle des Geliebten treten. An ihr Alleinsein mußte sie sich erst gewöhnen. Sie bot anderen ihre Hilfe an. Sie war nützlich. Mehl und Öl waren reichlich da. Gastfreundlich war sie immer.

Hanna lebte in Jerusalem. Abends und morgens ging sie in den Tempel. Sie saß stundenlang im Vorhof und hörte still in sich hinein. Sie nahm ihre Einsamkeit wahr; sie weinte oft. Trost fand sie nicht in den ersten Jahren. Ihr Leib wandelte sich. Vorbei gingen die Jahre, in denen sie hätte Kinder gebären können, Söhne und

Töchter beim Namen rufen, sich an ihnen freuen, mit ihnen spielen, sie leben lehren, sie mahnen und ermutigen. Hanna blieb allein. Manchmal sah sie Müttern mit ihren Kindern hinterher. Sie lernte, sich mit den Fröhlichen zu freuen.

Hanna wurde älter. Mühsamer wurde der Weg zum Tempelberg. Sie fror leichter; sie konnte nicht mehr lange stehen. Sie nahm Decken mit in den Tempel. Er wurde ihr Zuhause. Sie blieb dort auch in der Nacht. Sie wollte Gott nahe sein.

Viel zu essen hatte sie nicht mehr. Es fiel Hanna aber nicht schwer zu fasten. Sie hatte in all den Jahren gelernt, mit wenig auszukommen. Sie wußte um das, was wirklich wichtig ist: bei sich sein, aufmerksam sein, sich trösten lassen durch den Gott des Lebens. Oft kamen Menschen und fragten um Rat. Sie wußte das Leben zu deuten. Sie lebte im Angesicht Gottes. Sie war seine Prophetin.

In den Tempel kamen auch andere alte Menschen. Mit Simeon sprach Hanna ge-

legentlich. Er wollte sterben und konnte es
nicht; dabei war er schon so müde. Simeon
erzählte Hanna, ein großes Ereignis stehe
nahe bevor. Gott selbst habe ihm dies gesagt. Unruhe ergriff nun auch Hanna.

An dem Tag, an dem Maria und Josef das
Kind in den Tempel brachten, um ihren
Erstgeborenen in Gottes Dienst zu stellen,
kam Simeon erst spät in den Tempel. Eigentlich wollte er nicht mehr gehen; doch
eine innere Stimme sagte ihm, er solle es
tun. Als er das Kind und seine Eltern sah,
wußte er, daß sich erfüllt hatte, worauf er
wartete. Seine alten Augen erblickten das
Heil, das Gott Israel und allen Völkern be-
reiten wollte. Tiefer Frieden erfüllte ihn.
Alles wird gut.

Hanna wunderte sich, Simeon so froh zu
sehen. Sie kam näher. Sie mußte dorthin.
Jemand trieb sie an. Sie spürte ein großes
Verlangen. Sie mußte hin zu diesem Kind.
Erregt war sie. Sie war wie verwandelt.
Fröhlichkeit war in ihr; getröstet fühlte sie
sich; sie war eine andere geworden; alles

schien in helles Licht getaucht. Die lange Zeit des Wartens war vorbei. 84 Jahre lebte sie nun schon, 7 mal 12 Jahre. Nun hatte Gott seine Verheißung erfüllt. Das ganze Volk Israel war der Vollendung nahe.

Aber konnte das sein – ein Menschenkind, wenige Wochen erst alt, sollte die Hoffnung Israels sein? Hanna zögerte. Sie dachte an die anderen Kinder, mit denen sich große Erwartungen verbunden hatten. Sie dachte an ihre Namensschwester Hanna und deren Sohn Samuel.

Und Hanna betete:

Gepriesen seist du, Jahwe, du Gott unserer Väter und unserer Mütter! Du bist an allen Orten und du lebst in allen Zeiten. Du bist gegenwärtig in diesem Haus, das du dir zu deiner Wohnstätte erwählt hast. Du bist ein treuer Gott.
Du bist nahe den Verlassenen. Du machst die Kraftlosen stark. Du richtest die Gekrümmten auf. Du beglückst die Aussätzigen mit deiner

Gemeinschaft. Du schenkst den Blinden das Augenlicht. Du gehst zu denen, die niemand mag. Du entdeckst die Mutlosen in ihren Verstecken. Auch die Toten gehen deinem Gedächtnis nicht verloren.

Du liebst die Bäume, den See und die Blumen. Alles ist dir vertraut. Alles erzählt von deiner Größe. Du weißt den Sturm zu stillen. Du läßt es regnen zur rechten Zeit.

Du suchst nach Verbundenheit mit deinen Geschöpfen. Niemand soll allein sein. Die Treulosen rufst du zur Umkehr. Niemandem tust du weh – auch denen nicht, die deinen Namen auslöschen wollen aus dem Gedächtnis. Du sendest uns Jesus, damit wir dich erkennen. Gepriesen seist du immer und immer.

Dorothea Sattler

MUTTER AUS NAIM
Lukas 7,11–17

Der einzige Sohn einer Frau, einer
Witwe, ist gestorben! Und Jesus hat nichts
Besseres zu dieser Frau zu sagen als:
»Weine nicht!« Ist das der adäquate Ausdruck seines Mitleides? Klingt das nicht
wie Hohn, jemanden in einer solchen Situation aufzufordern, nicht zu weinen?
Weiß Jesus denn nicht, in welcher
menschlichen und wirtschaftlichen Katastrophe diese Frau sich befindet? Schon
durch den Tod ihres Mannes war eine besondere Notlage entstanden: Plötzlich
ohne Partner durchs Leben gehen zu müssen und zugleich die ganze Verantwortung
für das gemeinsame Kind zu tragen – dieses Schicksal wünscht man keiner Frau!
Wie soll sie mit dieser unerwarteten Situation umgehen? Wie soll sie nun ihr Leben
gestalten? Hier den richtigen Weg zu finden, ist eine überaus schwere Aufgabe.

Zwei Wege liegen so nahe – und beide führen in die nächste Katastrophe: Entweder lasse ich mich von dem Gedanken überwältigen: Es kommt ohnehin immer alles anders als geplant; es sind ohnehin alle Zukunftspläne über den Haufen geworfen, wozu soll ich dann noch planen, warum nicht alles laufen lassen, wozu mich noch mühen? Der Eindruck umfassender Sinnlosigkeit allen Tuns macht sich breit und breiter, und bevor ich es richtig begreife, bin ich mitten drin, bin ich mitten auf dem Weg in die Depression gelandet: Ich lasse nicht nur alles laufen, nein, ich ziehe mich von allem und jedem zurück und mit einem Mal bin ich weg von den anderen, weg von mir selbst, weg vom Leben, in mir nur Lethargie, Kraftlosigkeit und Leblosigkeit, um mich herum nur Einsamkeit, Dunkelheit, Angst und Tod. Alles stirbt: in mir und um mich herum!

Oder aber ich klammere mich an das, was ich noch habe: das Kind. Ich richte mein ganzes Denken und Tun, mein ganzes Leben auf mein Kind aus. Es soll nicht leiden, ich tue alles, daß ich ihm den Vater ersetze; ich will ihm Mutter und Vater sein! Und ehe ich mich versehe, weiß keiner von uns beiden mehr, was er und sie eigentlich selbst will, wie er und sie will, daß sein und ihr Leben aussehen soll. Ich bin ganz im Umsorgen aufgegangen und das Kind ganz im Umsorgtwerden, um so mich zu umsorgen. Doch mit einem Mal, ganz plötzlich spüre ich: Wir kriegen beide keine Luft mehr, wir fühlen uns aneinandergekettet und fühlen beide, daß es so nicht weitergehen kann, wissen aber nicht, wie es anders weitergehen könnte. Ich habe uns beiden die Chance genommen, unseren je eigenen Lebensweg zu suchen und zu leben!

Ob die Frau von Naim diesen zweiten Weg gegangen ist und nun an seinem Ende angelangt ist? Ist der einzige Sohn der Witwe gestorben, weil er seiner Mutter zuliebe nicht erwachsen werden durfte? Ist der Sohn gestorben, weil ihn die Mutter nicht zum Mann hat werden lassen? Hat die Mutter den Sohn auf seine Kindrolle, auf seine Mutterbeziehung, fixiert und ihm damit den Lebensatem der Entwicklung und Entfaltung zum Erwachsenwerden abgeschnürt? Ich jedenfalls kann mir das gut vorstellen, zumal die Erzählung keinerlei Hinweise auf die Ursache des Kindstodes gibt. Was bleibt nun für die Witwe? Endgültig keine Zukunft mehr, endgültig keine Hoffnung mehr, endgültig nur noch auf den Tod warten, gepaart mit dem Schuldgefühl, als Mutter so sehr versagt zu haben, daß nun auch der Sohn von ihr gegangen ist, bei ihr nicht mehr leben konnte!

In dieser schier aussichtslosen Stunde des Lebens passiert das unvorstellbare Wunder! Gott gibt beiden eine neue Chance, ihr Leben zu leben und sich gegenseitig Leben zu ermöglichen. Und: Gott macht nicht nur die Mutter für das Geschehene verantwortlich, sondern beide, Mutter und Sohn. Denn das Festschreiben auf die Kindrolle ist nur die eine Seite, die ohne das Sich-festschreiben-Lassen auf diese Kindrolle nicht wirksam werden kann. Daher wendet sich nun Gott an beide: »Weine nicht!« und »Ich sage dir, steh auf!« Zwei klare, kurze und bündige Aufforderungen, die eine an die Mutter, die andere an den Sohn gerichtet. Sie haben beide zum Inhalt: Wacht auf! Entdeckt die Kräfte, die in euch stecken und nutzt sie! Verliert keine Zeit mehr, blickt auf euer Leben und lebt euer Leben, jeder das seine – jede das ihre! Lebt und laßt euch nicht leben! Fragt euch selbst, was euch wichtig und wertvoll in eurem Leben ist und lebt dann danach! Werdet wach und helft einander beim Wachsen und Entfalten der je eigenen Persönlichkeit! So eine Chance bekommt nicht jeder, nicht jede!

Und so betet die Mutter von Naim:

Gott, wie habe ich gehadert! Wie habe ich geflucht! Wie war ich verzweifelt! Wie war ich blind für dein Antlitz! Wie habe ich mich jeder Tröstung verschlossen! Wie habe ich mich den Ängsten geöffnet! Wie habe ich mich der Verzweiflung hingegeben! Wie habe ich mir selbst und meinem Sohn den Boden unter den Füßen weggezogen!

Doch du, Gott, bist mir gnädig in meiner Verschlossenheit für das Leben, du erlöst mich von allen bösen Verstrickungen meines Lebens, du öffnest die Enge meiner Seele und nimmst meinem Herzen die Ängste, du holst mich heraus aus dem Sog der Lebensverweigerung: Ich nehme mich an, wie ich bin, so arm wie ich bin, so schuldig wie ich bin, aber auch so lebendig wie ich bin!

Du befreist mein Denken und Fühlen von dem, »was hätte sein können«, zu dem, »was sein kann«: Ich will mein Leben und mein Glück darin finden zu tun, was ich kann! Ich grüble nicht mehr, was war und woher ich komme, sondern ich spüre nach, wohin ich kommen will und was ich tun will! Ich finde wieder Lust am Leben!

Gott hat mich frei gemacht für das Leben, er hat sein Angesicht auf mich gerichtet, er hat mein Leid und mein Gefangensein im Leid gesehen, er hat meine stillen Trauerrufe gehört, er hat mich getröstet und geheilt: Ich bin auferweckt zu neuem Leben!

Gott hat mir und meinem Sohn das Wohl des Leibes und das Wohl der Seele und der Liebe und des Glückes zurückgegeben und neu aufgegeben: Ich will mit Gottes Hilfe leben und leben lassen.

Sabine Demel

NAMHAFT GEMACHT
Lukas 8,43–44

Und eine Frau litt an Blutfluß
seit zwölf Jahren
und konnte von niemand geheilt werden.
Sie trat von hinten an ihn heran
und berührte den Saum seines Gewandes.
Und sofort hörte die Blutung auf.

und die frau betete:

> Dir
> bin ich nicht
> namenlos
> wie in ihren geschichten
> über mich
> Du
> kennst mich
> hast mich
> namhaft
> gemacht

... gepriesen seist
Du
willst mich nicht klein
entgegen ihrem bild
von mir:
unscheinbar
hingekauert
wie ein hund
nach dem mantelsaum
schnappend
Du
machst mich groß
greifst nach mir
umwerfend
sie begreifen nicht:
furcht und zittern
doch
Du
hast mich erschüttert
bis ins mark
... gepriesen seist
Du
weichst nicht aus
vor der schwärenden wunde

wie die anderen
angeekelt
und
verdrossen
über mein leiden
und ihre eigene
hilflosigkeit
Du
hast
für mich heillose
einen
der heilt
... gepriesen seist
Du
bietest
mich zu heilen
alle kraft auf
läßt mich
handgreiflich werden
ihn anrühren
schamlos
im gedränge
der unberührbaren
entkräftendes geschehen

das ihn
nicht kalt läßt:
wer hat mich berührt?
... ich ...
geh in frieden
... gepriesen seist
Du
preisen will ich
Dich
ganz
wie ich bin
denn
Du
stillst mehr
als den blutenden schoß
ein wehes herz
ein wundgeschlagenes
leben
... gepriesen seist
Du

Hildegard König

DIALOG POST MORTEM
Johannes 11,17–44

Marta: Warum so zurückhaltend, meine Schwester? Laut jubeln und freuen sollst du dich, daß Jesus unseren Bruder vom Tod auferweckt hat! Statt dessen bleibst du stumm wie ein Stockfisch! Begreifst du nicht, was gerade geschehen ist?

Maria *schweigt.*

Marta: Ich habe gehofft, daß es so kommen würde, als ich hörte, daß er auf dem Weg nach Betanien ist. Ja, ich habe es geahnt, daß er die Macht dazu hat. Die Macht über den Tod! Darum bin ich hinausgelaufen zu ihm.
(Mit zunehmend vorwurfsvollem Unterton)
Und du? Verkriechst dich im Haus. Wenn ich dich nicht geholt hätte, säßest du immer noch dort und weintest um deinen toten Bruder. Weinen, weiß Gott, das kannst du gut. Typisch Frau eben!

Maria *(sichtlich aufgebracht):* So laß mich doch endlich in Ruhe! Wann wirst du akzeptieren, daß ich anders bin als du? Nicht so gewandt mit den Worten. Nicht so rasch im Verstehen. Und schon gar nicht so zuversichtlich in meiner Hoffnung.

Marta: Du meinst, du hast gezweifelt an Jesus? An dem, der der Messias ist, der Sohn Gottes, der alles vermag?

Maria *(mit gereiztem Tonfall):* Merkst du eigentlich gar nicht, wie du auf mich und andere wirkst? Du, die immer als erste die Initiative ergreift, die alles organisieren und das Heft in der Hand haben möchte. Du, die immer Bescheid weiß, die alles bedenkt, die keine Zweifel kennt, die selbstverständlich gleich erkannt hat, daß dieser Jesus der Messias ist. Marta, die »Herrin«, weiß Gott, so heißt du nicht nur, so bist du auch: herrisch und dominierend. Es ist nicht gerade leicht, dich zur Schwester zu haben.

Marta *blickt sie fassungslos an.*

Maria: Ich bin nicht so großartig wie du. Ja, es stimmt: Ich bin oft still. Ich höre gerne zu. Darum nennst du mich »passiv«, »angepaßt«, »brav«. Aber ist es nicht besser, genau hinzuhören, statt gleich loszureden? Ist es nicht gerade so, daß ich, wenn ich glauben will, zuerst hinhören muß auf Gottes Botschaft, auf das, was er mir zu sagen hat? Du hältst mich für eine Zweiflerin. Mag sein. Aber muß nicht der echte Glaube immer erst durch den Zweifel hindurch? Wenn ich eine Zweiflerin bin, dann bist du eine Enthusiastin. Ich gehe den Dingen auf den Grund. Ich brauche viel Zeit, Zeit, um die Dinge, die ich mit Jesus erlebt habe, zu verarbeiten. Denn vieles davon ist so unglaublich, daß ich es nicht so ohne weiteres verstehen kann. Daß ein Mensch Macht haben soll über den Tod! Daß er stärker sein soll als diese unüberwindbare Geißel des Menschen! Was ist das für einer, dem das gelingt?

(Zunehmend ruhiger)

Du hast ja recht: So etwas vermag nur ein Mensch, in dem Gott selbst anwesend ist, der ganz von Gott durchdrungen ist. Der »Messias«. Du sagst das so einfach. Aber bist du dir eigentlich bewußt, was das Ungeheuerliches bedeutet?

Marta: Schwester, ich wollte dich nicht dominieren. Verzeih mir, wenn ich diesen Eindruck erweckt habe! Ich muß erst allmählich lernen zu verstehen, wie verschieden wir beide sind. Nicht nur verschieden in unserer Persönlichkeit, sondern auch in unserer Art, den Glauben zu leben. Du hast vielleicht mehr Tiefgang. Ich bin spontaner. Du bist ausdauernd im Warten, ich schneller im Reden. Und beides hat seine Berechtigung.

Maria: Also laß uns aufhören zu streiten. Denn ich bin sicher: Gott hat an uns beiden seine Freude. Laß ihn uns lieber preisen für alles das, was geschehen ist.

Und Maria betet:

Barmherziger und allmächtiger Gott!
Ein Gott des Lebens bist du,
der Leben schafft,
der Leben bewahrt,
der es auf seinen Händen trägt selbst durch den
Tod hindurch.
Viele Male hast du dies den Menschen gezeigt.
Dafür sei gelobt und gepriesen!

In unvergleichlicher Weise zeigst du es uns jetzt
in deinem Sohn Jesus,
der Macht hat über den Tod hinaus.
Gelobt und gepriesen sei er dafür!
Von ihm behaupten die Menschen,
daß er der Messias sei, der Gesalbte, der König,
der Retter, der uns das Heil bringen wird.

Unser Bruder Lazarus durfte heute Rettung
und Heil von ihm erfahren.
Ich möchte dir danken, auch wenn ich vieles
noch nicht begreifen kann,
weil es mein Fassungsvermögen übersteigt.

Das, was heute geschehen ist, macht mich im
wahrsten Sinn des Wortes fassungslos,
sprachlos, ja bewegungslos.
Darum hab Erbarmen mit meiner Langsamkeit
und meinem Nicht-begreifen-Können!
Vor allem aber stärke in mir die Hoffnung,
daß auch ich einst wie Lazarus mit dir den Tod
überwinden werde und geborgen bin bei dir!

Sabine Pemsel-Maier

ANGST NAGT AN MEINEM HERZEN
Johannes 18,15–18.25–27

Es ist Nacht. Ein Verhaftungskommando von römischen Soldaten und jüdischen Gerichtsdienern hat Jesus am Ölberg festgenommen. Die bewaffneten Männer bringen den Gefesselten zum hohepriesterlichen Palast. Dort, an der Tür zum Vorhof des riesigen Gebäudes wacht eine Pförtnerin. Sie ist Sklavin, Hüterin der Palasttür, eine maßgebliche Person, die einen verantwortungsvollen Posten bekleidet. Kein Unbefugter darf den Hof der Priesterfamilie betreten. Dafür muß sie Sorge tragen.

Die Frau steht dort allein und beobachtet die nächtliche Szene. Die Nacht ist erhellt von zahlreichen Fackeln. Soldaten zerren Jesus durch das große Portal. Sie drängen ihn die Treppen hinauf zu den Gemächern des Hannas. Dieser alte Mann hat das Amt des Hohenpriesters schon vor

Jahren abgegeben. Dennoch ist sein Einfluß ungebrochen. Kajaphas, sein Schwiegersohn, der derzeit amtierende Hohepriester, hat schon vor Tagen den Tod Jesu gefordert. Die Türsteherin sieht den Männern nach. Einige Knechte versammeln sich um ein Feuer, das in der Mitte des Hofes entfacht wurde. Es ist kalt, sie drängen sich um das Feuer, diskutieren und lärmen. Lautstark fordern einige die sofortige Hinrichtung Jesu, »ein Unruhestifter, Betrüger und Scharlatan, der das Volk aufwiegelt und gotteslästerliche Reden hält«, Beschimpfungen und Drohungen dringen zur Pförtnerin herüber. Die ganze Szene ist ihr nicht geheuer. Sie wird unruhig. Draußen vor dem Hof beobachtet sie einen Mann, der sich offensichtlich nicht hereintraut und auf jemanden wartet. In der Dunkelheit kann sie nicht erkennen, wer es ist. Sie spürt, wie Angst in ihr hochsteigt. Da löst sich einer von der Gruppe der Soldaten und kommt auf sie zu. Die Türsteherin kennt den Mann, er ist ein

Freund des Hauses, der hier oft ein- und ausgeht. Er war vorhin diesem Jesus in die Gemächer des Hannas gefolgt. Angeblich ist er ein Anhänger von Jesus, aber dennoch mit der hohepriesterlichen Familie bekannt; ein Mann mit Beziehungen, dem alle Türen offen stehen. Jetzt bittet er die Pförtnerin, den Mann, der da draußen im Dunkeln steht, hereinzulassen. Ein Freund sei er, der hereinwolle, um sich am Feuer etwas zu wärmen. Die Türsteherin hat nichts dagegen, soll er nur hereinkommen, wenn der andere für ihn bürgt. Der Fremde nähert sich. Mit eingezogenem Kopf will er sich an ihr vorbeidrücken. Die Pförtnerin wird stutzig. »Dich kenne ich, bist du nicht auch einer von den Jüngern dieses Menschen?« Sie packt ihn am Arm. Der Mann zuckt zusammen, schüttelt ihre Hand ab. Er schaut in die andere Richtung. »Nein«, murmelt er gepreßt und beschleunigt seine Schritte. Rasch nähert er sich dem Feuer, kauert sich nieder und stiert vor sich hin. Der andere Mann folgt ihm, setzt sich neben ihn und redet leise und beschwörend auf ihn ein. Was geht hier vor? Die Pförtnerin ist irritiert und verärgert. Sie beobachtet von fern die Männer am Feuer. Zahlreiche Gedanken schwirren ihr durch den Kopf:

Ich kenne den Mann, ich glaube, er heißt Petrus. Er ist ein Jünger dieses Jesus, der eifrigste von all seinen Anhängern soll er sein. Aber warum gibt er dies nicht zu? Er ist feige. Der Mensch hat Angst, Angst, sich als Jünger zu erkennen zu geben. Wie er dort so zusammengekauert am Feuer sitzt – ja, er hat Angst und er schämt sich. Aber warum kommt er dann hierher in den Hof? Er bangt um seinen Meister, er möchte ihm nahe sein, will ihn nicht allein lassen. Das kann ich verstehen. Er soll ja wirklich ein ganz besonderer Mensch sein, dieser Jesus – sagen seine Anhänger. Viele Frauen, auch Sklavinnen, sind ihm schon gefolgt. Er soll wunderbare Reden halten und Wunder vollbringen können. Menschen, die schon ewig krank sind, soll er nur durch die Berührung seiner Hände geheilt haben. Die Frauen sagen, er heilt einfach durch Liebe. Ob das alles so stimmt? Na egal, ich bin jedenfalls meinem Haushaltsvorstand gegenüber zu absolutem Gehorsam und Loyalität verpflichtet. Dieser Jesus kann mir eigentlich egal sein. Kajaphas hat doch seinen Tod gefordert. Hannas hat sich noch nicht öffentlich geäußert. Ob Jesus ein Verbrecher ist und hingerichtet wird? Wie er vorhin in den Hof gezerrt wurde, sah er gar nicht aus wie ein Verbrecher, seine Augen, so eindringlich und doch so weit weg – ein schöner Mann. Auch dieser Petrus ist mir eigentlich ganz sympathisch, gerade weil er solche Angst um seinen Meister hat. Trotzdem ist er feige, weil er sich nicht vor mir zu seinem Jesus bekennt. Hat er etwa auch vor mir Angst? Bin ich für ihn schon eine Bedrohung, nur weil ich hier in diesem Haus arbeite? Mein Gott, ich bin völlig verwirrt, was geht hier eigentlich vor?

Was hat denn die ganze Situation mit mir zu tun? Schäme ich mich etwa vor diesen beiden Männern, zum Haushalt der Hohenpriester zu gehören? Aber warum? Ich brauche mich doch nicht schuldig zu fühlen. Ich tue doch nur meine Pflicht, ich stehe hier allein im Dunkeln und hüte die Pforte meiner Herrschaft, mir ist kalt, ich bin allein und ich habe Angst.

Die Türsteherin atmet tief durch, das beruhigt sie ein wenig; sie verschränkt ihre Arme vor der Brust und beginnt mit leiser Stimme zu beten:

O mein Gott,
ich bin verwirrt,
die Situation ist mir nicht geheuer.
Mir ist kalt und ich weiß nicht weiter.
Ich bin so schrecklich müde,
und möchte weg von hier, nur weg.
Die Angst nagt an meinem Herzen,
Tränen steigen in mir hoch,
Zweifel schnüren mir die Kehle zu.

O du mein Gott,
Quelle meiner Lebenskraft.
Trösterin in der Not,
stehe mir bei und stärke mich.
Schenke mir deine wärmende Nähe,
hülle mich ein in dein göttliches Feuer.
Schenke mir Einsicht und Gelassenheit,
laß mich zur Ruhe kommen
und Frieden finden.
Laß mich deine Kraft und deine Liebe spüren,
damit ich einen sicheren Boden finde
und meinen Lebensweg getrost weitergehen
kann.

Birgit Schneider

APOSTELIN DER LIEBE
Johannes 20,11–18

Ich heiße Maria und ich komme aus Magdala, einem Fischerort am See Gennesaret, wo meine Familie zu einigem Wohlstand gekommen ist. Auch ich hatte Anteil an diesem materiellen Erbe, aber nicht nur das: Ich war auch, wie man es damals bei uns sagte, »von Dämonen« geplagt, regelrecht besessen; sieben davon sagte man mir nach (Mk 19,9; Lk 8,2). Diese hausten in mir wie fremde Kräfte und sprachen manchmal wie eigene Stimmen aus mir, so daß allen angst und bange vor mir ward. Ich aber war innerlich völlig zerrissen. Ich wußte nicht mehr, wer ich war, ob da überhaupt noch etwas von meiner Seele übrig war, und ich begann zu glauben, daß es mein Schicksal war, der ewigen Verdammnis anheimzufallen. Mein Leben schien ausweglos.

Da kam eines Tages Jesus von Nazaret. Er war bekannt als der Rabbi, der Kranke wundersam heilte und mit Sündern tafelte. Das Volk eilte, um ihn zu sehen, viele unserer Schriftgelehrten lehnten ihn ab. Für mich war er die letzte Hoffnung auf Heilung. Als er mich sah, brauchte ich nichts zu sagen. Er erkannte meine Qualen. Mit ungeheurer Macht gebot er den Dämonen in mir Einhalt, so daß sie gehorchten. Er berührte mich. Ich war frei. Eine mächtige Liebe durchströmte mich – bis heute hat sie mich nicht verlassen. Ich folgte ihm und seinen Jüngern nach. Mit all meinem Besitz wollte ich ihm dienen. Um mich scharten sich mehr und mehr andere Frauen, für die ich eine Schwester wurde: Johanna, die Frau des Chuzas, eines Beamten des Herodes. Susanna, Maria und Marta aus Betanien, deren Bruder Lazarus hieß. Maria, die Mutter des Joses, Maria, die Mutter des Jakobus und des Josef. Die Mutter der Söhne des Zebedäus sowie Salome und immer wieder einige andere, die uns zeitweise begleiteten, so auch Maria, die Mutter Jesu (Mk 15,40–41; Mt 27,55–56; Lk 23,49).

Maria war damals ein Modename. Aber bestimmt nicht nur deshalb hat man mich schon früh mit anderen Frauen um Jesus identifiziert, insbesondere mit Maria von Betanien, die Jesus auch sehr geliebt hat, und mit der Frau, die Jesus einmal das Haupt gesalbt hat (ja, es war sein Haupt und nicht seine Füße! – Mk 14,3–9; Mt 26,6–13; Lk 7,36–50; Joh 12,1–11). Diese Frau besaß eine große Weisheit, denn sie ahnte das kommende Leiden, das seine Jünger verdrängten. Als sie in das Gastmahl im Haus Simons des Aussätzigen in Betanien einbrach, um ihn zu salben, tat sie das, was vor ihr unsere Propheten mit den Königen Israels getan hatten. Jesus war wahrhaft würdig, diese Ehre zu erfahren, er war der Messias, der König der Juden und der König der ganzen Menschheit, das möchte und das werde ich bezeu-

gen! Diese Frau, die später immer die »große Sünderin« genannt wurde, nur weil man sich nicht vorstellen konnte, daß irgendeine »anständige Frau« ein Alabastergefäß voll echtem, kostbarem Nardenöl auf solche Weise »verschwenden« könne, hat wahrhaft getan, was sie konnte! Sie hat im voraus Jesu Leib für sein Begräbnis gesalbt. Ja, amen, ich sage euch: Überall auf der Welt, wo das Evangelium verkündet wird, wird man sich an sie erinnern und erzählen, was sie getan hat.

Ich bin Jesus bis zu seinem Ende am Kreuz gefolgt. Ich habe ihn geliebt mit Leib und Seele wie keine andere. Deswegen hat man uns auch eine Liebesgeschichte nachgesagt. Aber all das sind Phantasien, die unsere Liebe nur einfassen und begrenzen wollen. Unsere Liebe war nicht einfach fleischlicher Natur. Unsere Liebe war stärker als der Tod. Und das ist das Evangelium, das ich verkünden möchte und das zu predigen ich als Apostelin ausgezogen

bin. Ja, man hat mich die »Apostelin der
Apostel« genannt, weil ich als erste an jenem verzweifelten Morgen, wo alles aus
schien, an sein Grab ging, um seinem Leib
die letzte Ehre zu erweisen, ihn zu salben
wie jene Frau. Aber sein Leib war fort. Ich
konnte es nicht fassen. Als ich so völlig
verlassen war, erschien er mir, ohne daß
ich ihn erkannte. Eigentlich sah ich ihn
nicht wirklich, aber ich hörte seine
Stimme: »Maria!« Er hat mich bei meinem
Namen gerufen. Ich war ergriffen. Die
gleiche Liebe wie damals durchströmte
mich. »Rabbuni! Meister!« Ich wollte ihn
fassen, ihn halten. Er aber entzog sich mir.
»Rühr mich nicht an!« Ich erstarrte. Das
Gefäß in meiner Hand zerbrach. Wie etwas Sterbendes floß das Salböl in die Erde.
Ich weinte. Meine Tränen zerrannen im
Grund. Und dann begriff ich. Es war nicht
sein Leib, den ich halten durfte, sondern
Er, ja Er würde für immer bei mir sein, bis
ans Ende meiner Tage. Und er würde bei
uns sein als Auferstandener, nicht als To-

ter! Dies war das tiefste Geheimnis: daß die Liebe den Tod durchbrach und daß wir im Loslassen empfangen würden.

Ich stand auf und ging zu den anderen Jüngern und Jüngerinnen. Als ich sie noch immer in ihrem Kummer vergraben fand, sprach ich zu ihnen und begann das zu verkündigen, was später das Evangelium der Maria von Magdala genannt worden ist: Freunde und Freundinnen, wacht auf! Der, den ihr für tot wähnt, lebt. Ich habe ihn gesehen. Er hat mich bei meinem Namen gerufen. Als er „Maria" sagte, schmolz mein Herz dahin. Es war wie damals, als er mich von meinem schrecklichen Leiden befreite. Er hat mich geheilt, damals und heute, von meiner selbstischen Liebessucht, von meinem Nur-um-mich-selbst-Kreisen, von meiner Verstricktheit in alle möglichen materiellen Interessen. Ich weiß nicht, wie ich es euch anders sagen soll, aber er ist auferstanden von den Toten. Er lebt! Er ist jetzt mitten unter uns. Wir sollen von unserer Verzagtheit ablassen und seinem Geist folgen.

Laßt mich beten!

Jesus, Rabbuni, Meister, mein Herr!
Du hast mich von meinen Dämonen befreit und heil gemacht.
Ich liebe dich. Ich habe dich immer geliebt, als du bei uns warst, aber jetzt will ich diese Liebe anders, tiefer begreifen.
Ich war vorschnell verzagt, als du nicht mehr da warst, als du dich meinen Augen entzogen hattest und ich dich nicht mehr mit meinen Händen greifen konnte. Aber in Wirklichkeit hatte ich nichts begriffen.
Du hast mich bei meinem Namen gerufen und ich habe deine Stimme gehört. Ich habe deine Liebe in mir gespürt, in meinem ganzen Leib und meiner ganzen Seele. Ich war von abgrundtiefer Trübsal geplagt, weil ich dich verloren wähnte, bis ich begriff, daß ich nun er-wachsen werden mußte. Und ich wußte und glaubte, daß du von nun an in mir lebst als das

neue Leben, das du in mir gezeugt hast, als du mich heiltest.

Ich werde dich, ich werde dieses neue Leben nicht verraten. Ich werde dir treu bleiben bis in meinen Tod und darüber hinaus und dich bezeugen.

Als Frau will ich zur Apostelin deiner Liebe werden, so wie du es mir aufgetragen hast!

Annette Esser

SPRUNGKRAFT
Apostelgeschichte 9,36–42

Meine Begegnungen mit Tabita sind eigenartig – Annäherungen von verschiedenen Seiten über viele Jahre. Das erste Mal sah ich sie in Florenz, in den Fresken von Masaccio und Masolino, 1427/28 gemalt. Das Leben und Wirken des Hl. Petrus ist in der Kirche Maria del Carmine dargestellt. Neben Schattenheilung und Heilung des Lahmen, im selben Bild in florentinischer Stadtkulisse, erweckt Petrus eine Tote zum Leben. Zunächst dachte ich – nicht so sehr kundig in der Apostelgeschichte – das müsse die Auferweckung des Töchterchens des Jairus sein. Beim Betrachten des Bildes fiel mir auf: die Auferweckte war eine erwachsene Frau.

Petrus war derjenige, der herbeigeeilt war und sie im Namen Jesu ins Leben zurückrief. Drei Männer und zwei Frauen mit Witwenschleier standen gestikulierend um Tabitas Bahre, Zeugen des Wunders, betroffen, daß ihr klagendes Gebet erhört worden war.

Zehn Jahre später begegnete ich Tabita auf einer Fahrt durch Israel. Am ersten Tag nach unserer Ankunft in Haifa fuhren wir nach Yafo und stiegen über grasbewachsene archäologische Hügel nahe am Meer. Das war das biblische Joppe, und in einem der steinernen Fundamente vermutete man das Haus des Gerbers Simon, bei dem Petrus lange Zeit wohnte. In Joppe lebte Tabita und hier bewirkte Petrus ihre Auferweckung.

Lange Grashalme bogen sich im Wind, der vom Meer her kam. Und ich dachte, ist es nicht dasselbe Gras wie zu Jesu Zeiten? Tausende Male fiel Samen aus den Gräsern auf den Boden und brachte wieder neues Gras hervor, lebendig wie die Worte des Evangeliums, die immer wieder neu gehört werden und Glauben wachsen lassen. Es war dasselbe Gras, über das die ersten Christinnen und Christen in Joppe gegangen waren.

Ob Tabita körperlich krank gewesen ist, ob sie zu Tode gekränkt war, ob sie gehindert wurde, ihr Leben zu leben oder ob sie zum Schweigen verurteilt wurde und sich verschleiern mußte? Ich dachte an die festgebundenen Totenbinden um ihre Hände, ihren Kopf und ihren Körper.

Eine dritte Begegnung überraschte mich sehr. Ich habe eine neunjährige Enkelin: Tabea. Als ich bei ihrer Geburt nachforschte, woher der Name kommt, hieß es: von Tabita, die Gazelle.

Tabita – nur sieben Verse sind über sie in der Apostelgeschichte aufgeschrieben. Sie war eine Jüngerin Jesu, war ihm also gefolgt, hatte ihn gehört und mit ihm gesprochen. Sie tat viele gute Werke und gab reichlich Almosen. Zu den guten Werken gehörte: Kranke pflegen, Trauernde trösten, Bedürftige kleiden, Witwen beistehen und das Reich Gottes verkünden. Wie ein Gruß aus dem Buch der Sprüche vom Lob der tüchtigen Frau klingt die Rede der Witwen, als sie Petrus erzählen, daß Tabita ihnen Röcke und Kleider vom Feinsten gemacht hatte.

Tabita, je mehr ich eingebunden werde in die Diskussionen und die Bemühungen um den Diakonat und die Rolle der Frau in der Kirche, um so mehr erscheint mir die Frau im neunten Kapitel der Apostelgeschichte wie ein leuchtendes Beispiel, lebendig bis heute. Sie wird nicht als Mutter des ..., nicht als Frau des ... vorgestellt, sondern als Jüngerin Tabita, das heißt Gazelle, wie Petrus der Fels heißt.

Petrus kannte sie und schätzte sie. Als er von den Jüngern gerufen wurde, kam er und ließ sich zu ihr führen. Er kniete nieder und betete, damit die heilende Kraft Gottes durch ihn wirken konnte. Tabita sah Petrus, als sie die Augen aufschlug. Er gab ihr die Hand und ließ sie aufstehen. Liebevoll, väterlich, zeigte er, daß Christus sie brauchte in ihrem Glaubenszeugnis, damit auch andere zum Glauben finden. Und es heißt weiter, daß Petrus lange Zeit in Joppe blieb. Warum?

In der Urkirche der Christen gab es noch keine Ämter, keine Priester, keine Rollenverteilung in Klerus und Laien. Es gab Apostel und selbstverständlich auch Apostelinnen, Jünger und Jüngerinnen, Diakone und Diakoninnen, Brüder und Schwestern im Herrn mit verschiedenen Begabungen und Charismen. Sie trafen sich in den Häusern, um gemeinsam das Brot zu brechen und zu Jesu Gedächtnis Mahl zu halten. Das Gebet war ihnen wichtig. Es wird immer wieder erwähnt, daß sie beteten, weil sie nur so mit Gott in Verbindung bleiben konnten. Sie beteten, damit sie offen waren für die Kraft und die Weisheit des Heiligen Geistes. Sie hatten erlebt, daß Jesus zum Vater betete und sie wußten von ihm: Wenn zwei oder drei in seinem Namen versammelt sind, dann ist er mitten unter ihnen.

Und Tabita betete:

Großer Gott, du hast Himmel und Erde
und den Menschen als Mann und Frau
geschaffen.
Du sorgst dich wie eine gütige Mutter um die,
die in Bedrängnis geraten sind.
Als ich zu neuem Leben erwachte, sah ich,
wie alle um mich Stehenden zurückwichen,
wie sich ihre Hände erschreckt erhoben,
als wollten sie sich gegen etwas Unglaubliches
wehren:
das Wunder der Auferstehung einer Frau.
Ich hatte schon den Weg in die ewige Ruhe
angetreten,
einen Rückzug aus aller Belastung,
aus aller Verantwortung,
den Rückzug von allen Anfeindungen und
Zurechtweisungen.

Wir haben deine Zusicherung,
daß es vor dir keinen Unterschied
zwischen Mann und Frau gibt,
daß sogar Herr und Sklave vor dir gleich sind.

Warum reden dann die Menschen,
ja sogar deine Apostel
von Unterordnung
und verfallen in alte Denkmuster?
Ich war müde und freute mich auf deine
Geborgenheit,
auf deine offenen Arme und deine
Gerechtigkeit.
Ist es immer so, daß viele zurückweichen und
die Auserwählten einsam sind,
wo deine Gnade einbricht und deine heilende
Kraft durch einen Menschen sichtbar wird?
Gib mir den Mut, diese Hervorhebung
auszuhalten.

Du hast mir einen Platz in der
Apostelgeschichte gegeben,
die dein Wirken über Jahrhunderte sichtbar
macht.
Meine Kälte wich dem warmen Blut vom Kopf
bis zu den Füßen.
Jedes Haar auf meiner Haut stellte sich wieder
auf, weil du es wolltest.

Ich spürte neue Sprungkraft in den Gelenken
und Beweglichkeit in den Gliedern,
jetzt können mich meine Freundinnen wieder
Gazelle nennen.
Denn du siehst, was ich tue,
du willst, daß ich lebe,
daß ich mein Wirken fortsetze und von deiner
Liebe erzähle.

Waltraud Boelte

DIE VERKANNTE
Römerbrief 16,7

Junia war in die Jahre gekommen, da man anfängt, Bilanz zu ziehen, und sie mußte sich eingestehen, daß sie müde geworden war. Wie lange lag jene Erfahrung nun zurück, die ihr Leben und das ihres Mannes Andronikus so entscheidend geprägt hatte? Damals war ihnen und einigen anderen Brüdern und Schwestern der Auferstandene erschienen. Von diesem Augenblick an konnten sie nicht mehr schweigen. Sie mußten die Botschaft von Jesus Christus verkünden. Nachdem Stephanus gesteinigt worden war, hatten sie Judäa Hals über Kopf verlassen. Junia war es, die dem verzweifelten Andronikus die Perspektive aufzeigte: Wenn wir den Juden den Auferstandenen nicht verkünden können, dann müssen wir eben zu den Heiden gehen! Sie hatten viel auf sich genommen, um ihre Aufgabe zu erfüllen, doch nichts davon reute Junia, auch nicht die Gefangenschaft, in die sie und Andronikus mit Paulus geraten waren. Paulus … Wie widersprüchlich er ihr doch manchmal erschien! Als er zu ihnen gestoßen war, hatte sie gleich gespürt, daß der Geist Gottes in ihm auf besondere Weise wirkte. Wie viel hatten sie miteinander durchgestanden und auch zusammen erreicht! Und doch … Gewiß, Paulus hatte sie und ihren Mann in seinem Brief an die Gemeinde in Rom, der sie nun schon viele Jahre angehörten, als herausragend unter den Aposteln bezeichnet und damit anerkannt, daß es der Auferstandene selbst war, der sie gesandt hatte. Sie wußte aus vielen Gesprächen mit ihm, wie sehr er den missionarischen Dienst der Frauen schätzte. Sie erinnerte sich gut, wie er einmal schmunzelnd gesagt hatte: »Wie sollten wir die Lehre des Herrn in die Frauengemächer bringen, wenn wir euch nicht hätten? Wie würden wir denn dastehen, wenn wir das selbst versuchen würden?«

Bestimmt hatte Paulus damit nur sagen wollen, für wie wichtig er den Dienst der Frauen hielt, aber trotzdem hatte es ihr damals einen kleinen Stich gegeben. Unwillkürlich war ihr anderes in den Sinn gekommen. Hatte er nicht auch gesagt, die Frau solle in der Gemeinde schweigen, ihr Platz sei im Haus und sie habe sich dem Mann nach dem Willen Gottes unterzuordnen?

Wie es ihr schien, griffen nicht wenige in den Gemeinden diese Aussagen in letzter Zeit geradezu begierig auf. Schon wurde die Zahl derjenigen größer, die sie wiederholten und die anderen Worte des Paulus über die Frauen vergaßen. Schon glaubte Junia zu spüren, wie einige in der Gemeinde sie und die anderen missionierenden Frauen mit skeptischen Blicken bedachten.

Würde es nach ihnen noch weitere Frauen geben, die den mit Verkündigungsvollmacht ausgestatteten Männern gleichgestellt waren, oder würde man die

Frauen nicht mehr brauchen, wenn sich das Christentum erst etabliert hatte? Würde man sie womöglich dem Missionserfolg »opfern«, weil Juden und Heiden das Gleichheitsideal der Christinnen und Christen nicht annahmen? Waren all jene Frauen, die ihr Leben für die Sache des Jesus von Nazaret ebenso mutig eingesetzt hatten wie die Männer, schon in kurzer Zeit verkannt und vergessen, eine zu vernachlässigende Episode in der Geschichte der Kirche, die von Männern gemacht wird?

Und Junia betete:

Herr, ich hatte nie ein anderes Ziel, als dir zu dienen. Dafür habe ich alle Mühen, Entbehrungen und Ängste gerne auf mich genommen. Ich wollte für mich nie etwas anderes als die Gewißheit, daß ich deiner Botschaft zum Sieg verholfen und so ein Stück mehr Liebe und Gerechtigkeit in diese Welt gebracht habe.

Wenn ich dich nun, da sich mein Leben neigt, bitte: Laß nicht zu, daß sie mich und die anderen Frauen, die sich ganz in den Dienst deiner Sache gestellt haben, totschweigen, laß nicht zu, daß die Frauen wieder auf die alten Plätze verwiesen werden!, so geht es mir nicht um Ruhm und Ehre, sondern einzig um dein Wort und um deine Kirche.

Wie sollen wir die Menschen davon überzeugen, daß in Jesus Christus alles neu geworden ist, wenn es uns nicht einmal in unserer Kirche gelingt, die alten Ordnungen zu überwinden? Wie können wir die Gleichheit aller Menschen predigen und an der Unterordnung der Frau festhalten? Ist nicht der Mann ebenso für die Frau geschaffen, wie die Frau für den Mann? Sind nicht alle eins in Christus?

Ich bitte dich, Herr, erwecke deiner Kirche Männer, die erkennen, daß für die Verkündigung deiner Botschaft allein die Liebe zu Christus und die Treue zu seinem Wort entscheidend ist, und schenke ihr Frauen, die sich zum Wohl deiner Kirche nicht entmutigen lassen und die im Vertrauen auf deinen Beistand tapfer alle Widerstände überwinden, die ihnen Kleinlichkeit und Kleinmut entgegensetzen.

Marion Wagner

VERZEICHNIS
DER SCHRIFTSTELLEN/
BIBLISCHE BEZÜGE

DIE AUTORINNEN

PD Dr. Regina Ammicht-Quinn, Frankfurt/M., geb. 1957, Theologin und Germanistin, Privatdozentin für Theologische Ethik an der Universität Tübingen, Mitglied der Theol. Kommission des KDFB, verheiratet, zwei Kinder.

Dr. Silvia Becker, Düsseldorf, geb. 1958, Philosophin, Theologin und Journalistin, verantwortliche Redakteurin »Die Mitarbeiterin«, Düsseldorf.

Waltraud Boelte, Sindelfingen, geb. 1938, Diözesanvorsitzende des KDFB der Diözese Rottenburg-Stuttgart, Mitglied der Frauenkommission der Diözese und der Medienkommission, verheiratet, Großfamilie mit zehn Enkelkindern.

Prof. Dr. Sabine Demel, Würzburg, geb. 1962, verheiratet, Mitglied der Theol. Kommission des KDFB, Inhaberin des Lehrstuhls für Kirchenrecht an der Kath.-theol. Fakultät der Universität Regensburg.

Dr. Margit Eckholt, Tübingen, geb. 1960, Theologin, Mitglied der Theol. Kommission des KDFB, Juli 1993 bis Januar 1995 »profesora visitante« an der theologischen Fakultät der Pontificia Universidad Católica Santiago de Chile, derzeit Habilitation.

Andrea Eickmeier, München, geb. 1967, Theologin, derzeit Promotion; freiberufliche Erwachsenenbildnerin, Schwerpunkt christliche Ethik, feministische Theologie und Liturgie.

Annette Esser, Köln/New York, geb. 1957, Theologin und Lehrerin, derzeit Promotion in »Psychiatry & Religion« am Union Theological Seminary in New York.

Ute-Beatrix Giebel, Bondorf, geb. 1957, Theologin und Pädagogin, Fernsehredakteurin beim SWR, u.a. Mitglied der Frauenkommission der Diözese Rottenburg-Stuttgart.

Ulla Grysar, Aachen, geb. 1944, Kunsterzieherin, Heilpädagogin und Sozialarbeiterin, Leiterin einer Begegnungsstätte für Alleinerziehende, engagiert bei Pax Christi, KDFB, Frauennetzwerk Aachen.

Prof. Dr. Marianne Heimbach-Steins, Bamberg, geb. 1959, verheiratet, Mitglied der Theol. Kommission des KDFB, Inhaberin des Lehrstuhls für Christliche Soziallehre und Allgemeine Religionssoziologie an der Universität Bamberg, Erste Vorsitzende des Vereins »AGENDA – Forum katholischer Theologinnen e.V.«

Regina Heyder, Mainz, geb. 1966, Theologin, derzeit Promotion, Mitglied der Theol. Kommission und des Arbeitskreises Zeitgeschichte des KDFB, Diözesanreferentin des KDFB Mainz.

Dr. Benedikta Hintersberger, Augsburg, geb. 1941, Dominikanerin, Theologin, Geistliche Beirätin des KDFB auf Bundesebene, Schulleiterin.

Dr. Irmgard Kampmann, Bochum, geb. 1952, Philosophin und Theologin, Mitglied der Theol. Kommission des KDFB, Lehrerin an einer Gesamtschule in Essen, engagiert bei »Maria von Magdala«, verheiratet, zwei erwachsene Kinder.

Monika Kaudewitz, Donauwörth, geb. 1963, Theologin, Mitglied der Theol. Kommission des KDFB, Pastoralreferentin, Ausbildung in Gestalttherapie und Psychodrama, Dozentin für Spiritualität an der Fachakademie für Gemeindepastoral Neuburg, verheiratet, zwei Kinder.

Dr. Hildegard König, Chemnitz, geb. 1954, Hochschuldozentin für historische Theologie an der RWTH Aachen, Mitglied der Theol. Kommmission des KDFB.

Dr. Dr. h.c. Hanna-Renate Laurien, geb. 1928, Regierungsmitglied in Rheinland-Pfalz und Berlin, dort Präsidentin des Abgeordnetenhauses. Vorsitzende des Diözesanrates und des KDFB in Berlin, Mitglied im Hauptausschuß des ZdK.

PD Dr. habil Verena Lenzen, Schevenhütte und Tel Aviv, geb. 1957, Theologin, engagiert u.a. in jüdisch-christlicher und deutsch-israelischer Verständigung, interreligiöser Ethik, Frauenforschung, Literatur, Judaistik. Curtius-Förderpreis für Essayistik.

Irene Löffler, Friedberg bei Augsburg, geb. 1957, Theologin, Co-Leiterin der Geschäftsstelle der Arbeitsgemeinschaft Frauenseelsorge Bayern, Mitglied der Europäischen Gesellschaft für Theologische Forschung von Frauen, zwei Kinder.

Dagmar Mensink, Tübingen, geb. 1963, Theologin, derzeit Promotion, Mitglied der Theol. Kommission des KDFB, Referentin an der Akademie der Diözese Rottenburg-Stuttgart, Mitglied der Europäischen Gesellschaft für Theologische Forschung von Frauen.

Dr. Gabriele Miller, Rottenburg, geb. 1923, Theologin, Mitglied der Theol. Kommission des KDFB, lange Jahre Mitarbeiterin der Diözese Rottenburg-Stuttgart, Geistliche Beirätin des KDFB Rottenburg-Stuttgart. Vorsitzende der Frauenkommission der Diözese Rottenburg-Stuttgart.

Marlies Mittler-Holzem, Ostbevern, geb. 1962, Theologin, Diözesanreferentin des KDFB Münster, Geschäftsführerin des Netzwerk Diakonat der Frau, verheiratet, drei Kinder.

Claudia Nietsch-Ochs, Merching, geb. 1957, Theologin, Bildungsreferentin beim KDFB Augsburg, verheiratet, zwei Kinder.

Dr. Sabine Pemsel-Maier, Freiburg, geb. 1962, Professorin für Dogmatik und Religionspädagogik an der Katholischen Fachhochschule Freiburg, verschiedene Lehraufträge für Frauenforschung und Feministische Theologie, Mitglied des Ausschusses »Frauen und Kirche« der Erzdiözese Freiburg, Mitglied der Europäischen Gesellschaft für Theologische Forschung von Frauen.

Dr. Regina Radlbeck-Ossmann, Schwandorf, geb. 1958, Theologin, derzeit Habilitation, Studienrätin am Gymnasium, verheiratet, drei Kinder.

Dr. Susanne Sandherr, Bonn, geb. 1960, Theologin, 1991–1996 Pastorale Mitarbeiterin in der Kath. Hochschulgemeinde Karlsruhe, seit 1996 Wissenschaftliche Mitarbeiterin am Dogmatischen Seminar der Kath.-theol. Fakultät der Universität Bonn, derzeit Habilitation.

Dr. habil Dorothea Sattler, Vendersheim, geb. 1961, Theologin und Romanistin, Professorin für Systematische Theologie und Religionspädagogik an der Universität-Gesamthochschule Wuppertal.

Dr. Birgit Schneider, Bad Tölz, geb. 1954, Theologin und Gestalttherapeutin, Co-Leiterin der Geschäftsstelle der Arbeitsgemeinschaft Frauenseelsorge Bayern, Mitglied der Bildungskommission des KDFB, Lehrauftrag für Theologische Ethik an der Katholischen Stiftungsfachhochschule Benediktbeuern, verheiratet, ein Sohn und eine Tochter.

Dr. Stefanie Spendel, Augsburg, geb. 1951, Theologin, derzeit Habilitation, Vorsitzende der Theol. Kommission des KDFB, Vizepräsidentin des KDFB, Mitglied im Hauptausschuß des ZdK.

Dr. habil Marion Wagner, Wallerfangen, geb. 1957, Theologin, Lehrtätigkeit in Schule, Hochschule und Erwachsenenbildung.

Dr. Verena Wodtke-Werner, Tübingen, geb. 1960, Theologin, Vorsitzende der Bildungskommission des KDFB, Mitglied der Europäischen Gesellschaft für Theologische Forschung von Frauen, Mitglied der Frauenkommission der Diözese Rotten-

burg-Stuttgart, Akademiereferentin an der Akademie der Diözese Rottenburg-Stuttgart, verheiratet,
zwei Kinder.